AF329116

DE LA
NÉCESSITÉ
OÙ L'ON EST EN FRANCE
DE SUIVRE
LES PRINCIPES LIBÉRAUX.

> L'ignorance, l'oubli ou le mépris des droits
> de l'homme sont les seules causes des
> malheurs publics et de la corruption des
> Gouvernemens.
>
> (CONSTITUTION DE 1791.)

PAR VARROT,

Auteur des *Nuits sentimentales d'un jeune solitaire*, etc.

PARIS,

H. VAUQUELIN, QUAI DES GRANDS-AUGUSTINS, N° 11.

Avril 1815.

De l'Imprimerie de CELLOT, rue des Gr.-Augustins, n° 9.

DE LA NÉCESSITÉ

OÙ L'ON EST EN FRANCE

DE SUIVRE LES PRINCIPES LIBÉRAUX.

La force d'un peuple est dans l'union de ses membres ; mais il faut distinguer entre l'union et la torpeur. La torpeur que produit le despotisme engendre des esclaves, unis en apparence, tranquilles comme la surface de l'eau dormante, mais qui sont comme elle sans mouvement et sans vie. L'union, au contraire, qui lie entre eux les membres d'un peuple libre, est le principe de l'activité, de la vigueur et du mouvement, qui rend ce peuple semblable à un fleuve qui coule dans un lit convenable, dont les eaux limpides et pures sont, dans leur cours tranquille et majestueux, l'admiration de l'œil qui les contemple.

Mais si l'union entre les citoyens d'un État est si belle et si utile, il importe donc beaucoup d'en rechercher la source. Quelle peut être cette source ? Lisons l'histoire, et nous verrons que toutes les dissensions proviennent d'intérêts mal déterminés, par conséquent mal garantis. Si Rome n'eût eu que des plébéiens, ou si les patriciens (ce qui est bien difficile lorsqu'on admet des ordres différens dans l'État) avaient eu les mêmes droits, les difficultés pour les déterminer eussent disparu par là même, et les garanties fussent devenues inutiles entre les différens ordres : de là serait résultée l'inutilité des tribuns pour veiller contre l'ambition des patriciens.

1.

Il est des garanties inhérentes à l'essence d'un bon gouvernement : elles sont la base de l'harmonie entre les citoyens, et ce sont ces garanties qu'il importe de fixer de manière à bannir toutes les inquiétudes, tous les soupçons, et jusqu'à l'ombre du doute que le législateur ait voulu laisser une porte ouverte au despotisme d'une classe quelconque contre les autres.

Condillac l'a dit avec raison : Les princes ne tiennent de leurs promesses que ce qu'on les met dans l'impossibilité de refuser. Il importe beaucoup aux princes eux-mêmes d'être mis dans cette heureuse impossibilité. C'est après avoir parcouru une longue chaîne de malheurs qu'un peuple et son prince recherchent, à l'abri des illusions et avec toute l'attention que leur inspire la profondeur de leurs plaies, la véritable cause de leurs maux, les véritables moyens d'y remédier. C'est alors que la vérité, se montrant dans tout son éclat, dit au peuple et au prince : *Vos intérêts sont les mêmes.* Princes ! les vils flatteurs qui veulent vous persuader le contraire, vous persuader que vous avez des intérêts opposés à ceux du peuple, en sont les ennemis et les vôtres.

L'union fait la force, comme l'a ingénieusement démontré La Fontaine, par la fable *des Faisceaux;* mais en politique, il n'y a pas d'union, par conséquent point de force sans garanties.

Comment établir ces garanties ? Dans certains États, le prince, comme l'a fait Louis XVIII en France, a bien voulu octroyer une charte contenant ces garanties. L'Espagne, également, tient sa constitution actuelle de Ferdinand, qui l'a mise à la place de celle des Cortès, *qui n'était que l'expression de la volonté générale.* Qu'un maître, imposant la loi à un domestique ou à un ouvrier à son service, fasse avec lui un contrat uni-latéral (1), cela se conçoit ; il est le plus fort, puisqu'il possède, et que les autres ont besoin d'être nourris ; mais conçoit-on un contrat social où un individu seul dit à un peuple : Je t'octroie tels et tels droits, et je t'impose l'obligation d'obéir sans m'informer si tel est ton bon plaisir ? Oui, cela se conçoit chez un peuple abruti ; mais un peuple éclairé dira : C'est moi qui suis le propriétaire, c'est moi qui suis tout, tous les droits doivent émaner de moi : je ne souffrirai donc pas qu'on daigne m'accorder ce qui m'appartient ; ce seroit convenir que cela ne m'appartient pas, concession digne de la barbarie féodale et des barbares qui voudraient nous replonger dans cette affreuse anarchie.

Non, un peuple éclairé et grand dira : C'est en moi qu'est la source pure de tous les pouvoirs, c'est-à-dire la souveraineté. Je déléguerai cette souveraineté aux membres choisis dans mon sein, les plus dignes de ma confiance. Dans cette délégation je ferai une distribution des pouvoirs telle, qu'il en résulte la plus exacte pondération possible. L'univers n'existe que par l'équilibre : voilà le grand modèle immuable qu'il faut suivre. Les portions de pouvoirs que je déléguerai à chaque corps politique, soit à la puissance législative, soit à la puissance exécutive, seront réglées par une constitution, qui réglera aussi en général les attributions des autorités subordonnées.

---

(1) Contrat où une seule personne oblige l'autre, le contraire du contrat synallagmatique, où les parties s'obligent réciproquement, contrat qui est la véritable image du contrat social, ou d'une bonne constitution libérale.

Une fois ces limites posées, les droits et les devoirs respectifs et réciproques de la puissance législative, de la puissance exécutive et du peuple, bien déterminés par une constitution nationale, l'incertitude cesse, la confiance s'établit, parce qu'elle a une base sûre ; la confiance est la base de l'union, l'union l'est de la force, et celle-ci, garantie par la constitution, garantit à son tour cette même constitution : de sorte que le contrat social et les associés, se prêtant un mutuel appui, il en résulte que chaque citoyen règne sur lui-même par la volonté de la loi qu'il a concouru à faire, soit immédiatement par lui-même, soit par la médiation de ses représentans, légalement, c'est-à-dire librement nommés, et que la loi règne sur tous par la volonté de tous. Voilà ce qui constitue un peuple-roi. Telles furent ces célèbres républiques de la Grèce et celle de Rome ; telle a été la Suisse, telle a été la Hollande, telle est l'Angleterre à beaucoup d'égards, mais telles sont bien plus purement les États-Unis d'Amérique, où la constitution générale fédérative, la constitution de chaque canton et les lois de détail, sont entièrement l'ouvrage des représentans de la nation.

Heureux le peuple qui s'est trouvé dans des circonstances assez heureuses au milieu des événemens qui agitent la face du globe, pour se constituer comme se sont constitués les États-Unis d'Amérique ! Ce que les circonstances ont fait pour ce pays, les lumières doivent le faire en grande partie chez nous. Il ne faut donc pas s'étonner que des hommes encroûtés de la rouille des préjugés gothiques et féodaux aient voulu les éteindre. L'intempérie d'un hiver désastreux les ramena parmi nous ; la Providence nous en délivre, nous les renvoyons de l'autre côté du Rhin, où les lumières, généralement répandues, feront qu'on ne s'accommodera pas plus de leur système que nous-mêmes.

Profitons donc de ce moment lucide, il ne s'en rencontre que rarement de tels dans l'histoire des peuples ; profitons-en donc pour nous constituer franchement, librement, inébranlablement.

Qu'une constitution nationale, c'est-à-dire votée par le peuple ou ses représentans, et acceptée par le pouvoir exécutif, devienne la base de notre ordre social, de notre union, de notre force, de notre bonheur, de notre stabilité enfin. Tâchons d'édifier pour l'éternité, s'il est possible.

Une fois l'État assis sur ces bases immuables, c'est-à-dire l'exercice de la souveraineté étant sagement réparti entre les grands corps politiques, le contre-poids de ces grands corps entre eux, et, d'un autre côté, entre le peuple et eux, est la plus sûre des garanties.

Telles les planètes se meuvent dans l'espace sans que jamais aucune tombe, soutenues par l'admirable équilibre que la Sagesse éternelle a su mettre entre la force d'impulsion et l'attraction.

Dans le monde politique, la puissance constituée a la force d'impulsion, le peuple a la force d'attraction. Voilà les élémens de l'harmonie créée. La puissance va imprimer l'activité, le mouvement, en un mot l'impulsion ; le peuple, de son côté, va chercher à attirer la puissance, à la ramener à lui, à l'anéantir même par la force de gravitation qui est propre à sa masse. Mais si la force répartie entre les corps politiques est bien pondérée entre eux, n'ayant alors qu'une même tendance, qu'en résultera-t-il ? Ces corps, dépositaires de toute la puissance souveraine, seront aussi forts que le souverain lui-même, qui, leur en ayant confié l'exercice, se trouve obligé d'obéir par là même, par la force du contrat social. Alors, les représentans et le peuple représenté sont deux masses qui suivent chacune dans le monde politique la ligne qui leur est propre. Les représentans commandent par la loi ce qui est utile, c'est-à-dire juste, puisqu'ils s'y sont engagés; le peuple, de son côté, obéit, puisqu'il s'y est engagé. Le contrat est là; il subsiste, il est la règle d'équilibre entre les dépositaires de la souveraineté ou le souverain créé et passager, et le souverain primitif, immuable, éternel.

L'équilibre, ou le principe d'action, de vie et d'existence, ne peut donc être rompu que lorsque le souverain créé (c'est-à-dire le gouvernement), ou le souverain éternel (c'est-à-dire le peuple), manquera à sa parole.

La fidélité à tenir la parole donnée est donc la garantie de l'immuabilité de l'ordre social, de même qu'elle est le principe de l'harmonie des citoyens entre eux. Il n'est pas étonnant d'après tout cela que les Turcs, regardant la parole donnée comme sacrée, aient mis au rang des plus grands crimes d'y manquer. Qu'il serait à désirer pour ce peuple dont la noble gravité se montre si bien dans le respect pour la parole donnée d'individu à individu, qu'il pût faire un contrat synallagmatique avec son gouvernement : s'il était dicté par la saine politique, il est à croire que le peuple se respectant ainsi, le contrat ou la constitution y aurait une longue durée, et deviendrait ainsi la base du respect des propriétés et des personnes, au lieu de l'avilissement qui règne dans ces contrées que l'auteur de la nature a faites si belles, mais que le despotisme d'un homme a rendues si dignes de pitié.

Nous venons de démontrer qu'une constitution nationale est le palladium de la liberté politique, ou de la sûreté des personnes et des propriétés. Un peuple civilisé, gouverné par une puissance absolue, n'a qu'une existence précaire, dont le despotisme peut tirer encore un grand parti, ou ce qu'il croit tel; car ce peuple devenant entre ses mains le jouet de ses passions, l'instrument de ses caprices, l'objet de son mépris, s'affaisse bientôt.

Où serait ta force, peuple français, peuple régénéré, sans la puissance tutélaire des lois? Non, les passions turbulentes, le froid égoïsme, l'ambition calculée de quelques individus, n'auraient pas fixé ta destinée; eux, ces hommes pervers qui voulaient te replonger dans les fers de la féodalité, dans la fange du fanatisme; eux qui essayaient déjà de courber ton noble front dans la poussière.

Il est démontré que le règne des Bourbons ne nous préparait que de nouveaux jours d'alarmes, de deuil et de sang. Ils ont repoussé la voix du peuple, ils ont méconnu l'opinion de la nation; ils en ont été punis par une proscription sans retour. La France, satisfaite de leur chute, se croit assez vengée en plaçant entre elle et eux la barrière d'un éternel oubli.

A quoi leur ont servi l'aspect de nos désastres, et la leçon de vingt-cinq ans de misère et de vexations? A peine osions-nous espérer un peu de calme, que l'esprit de discorde vient s'établir au milieu de nous : son apparition produit simultanément la défiance, la division, le réveil de la vengeance, le trouble dans l'État. Les enfans du despotisme féodal, déserteurs des provinces qu'ils opprimaient, déserteurs d'un trône qu'ils pouvaient sauver par des sacrifices à propos, et qu'ils laissèrent briser par la tempête suscitée par les désordres d'une mauvaise administration, où ces prétendus grands absorbant tout, brouillant tout, avaient ôté au trône ses plus solides appuis, les mœurs, la justice et les lois; ces enfans du despotisme féodal, dis-je, n'ont revu la patrie qui leur ouvrait un asile hospitalier, que pour frapper encore une fois son sein d'un poignard homicide, et rallumer les flammes de la guerre civile sur cette terre baignée des pleurs et du sang de ses habitans qu'ils ont fait répandre.

Les Bourbons diront-ils, dans leurs ressentimens, que la nation est injuste en les rejetant loin d'elle à jamais? Ils étaient avertis que pour peu qu'ils se laissassent influencer par les prêtres, ces derniers seuls causeraient leur ruine. Ils remontent sur un trône qu'ils ne devaient jamais revoir, et à peine y sont-ils assis, qu'ils s'environnent de ces caméléons. Est-il besoin de dire combien la nation entière en a été indignée; et le mécontentement formel qu'elle en a manifesté?

Tant de fautes graves ont concouru à éloigner tout-à-fait le peuple de ces princes! Sous un faux air d'urbanité, ils nourrissaient le poison de la rancune; leurs vils adulateurs osèrent prêcher en leur nom l'intolérance, en disant que le roi avait beaucoup à punir, en menaçant du bannissement les plus respectables citoyens, en désignant au doigt ceux d'entre eux qu'on vouait déjà au supplice.

Le roi, dit-on, avait beaucoup à pardonner. A qui? à la nation? C'est-à-dire que le roi était au-dessus des lois, et que de sa propre volonté il pouvait s'ériger en juge du peuple. On n'eut garde de bannir cette prétention de son esprit, parce qu'elle servait merveilleusement les desseins des

prêtres et des émigrés , dont il s'est déclaré protecteur, et dont il devait être le jouet et bientôt la
victime.

Dans sa proclamation datée de Hartwel , comté
de Bukingham, le 1er janvier 1814, il sollicite des
Français le sceptre, et leur promet la paix et le
bonheur, et à tous les membres des corps ad-
ministratifs et judiciaires de les maintenir dans
leurs attributions; il promet en outre de maintenir
la conservation des grades et emplois des militaires
qui seraient en activité, et de faire des sacrifices
pour contribuer au repos de la France et à l'union
sincère des Français: a-t-il tenu sa parole royale?
— Dans son projet de constitution , daté de
Saint-Ouen, le 2 mai, il promet l'*ACCEPTATION*
d'une constitution libérale et sagement com-
binée, qui établisse un gouvernement repré-
sentatif, divisé en deux chambres: l'a-t-il fait?
— Dans la déclaration du 4 juin, qui n'est qu'un
discours préliminaire de la charte, il reconnaît,
comme obligatoire, d'apprécier *les effets des*
progrès toujours croissans des lumières, les
rapports nouveaux que ces progrès ont intro-
duits dans la société, la direction imprimée
aux esprits depuis un demi-siècle : cette déclaration, faite devant les représentans du peuple,
a-t-elle eu son effet? — Une ordonnance du même
jour exclut *de l'exercice des droits de citoyen*
français tout étranger qui n'aurait pas mérité
ce titre par des services importans, et quelques
semaines après on confie la garde du chef de l'État
à des Suisses, lorsque l'on avait en France plus de
vingt mille officiers réformés, aussi braves que fidèles. — Pourquoi les journaux ont-ils fait faire
au roi un hommage de sa couronne au régent
d'Angleterre? — Pourquoi le roi souffrait-il que

les ministres datassent ses actes de dix-neuf ans, quand il avait déclaré ne vouloir dater que du 12 mars 1814? — Pourquoi le roi a-t-il nommé à la pairie des individus qui ont porté les armes contre leur patrie, ou qui l'ont abandonnée lorsqu'elle était en danger? — Pourquoi le roi permettait-il qu'on le plaçât avant la loi, notamment dans cette devise, en style de *Quotidienne : Dieu, le roi, la loi?* — Pourquoi le roi a-t-il oublié si vite que la souveraineté est dans le peuple, qui seul est la source pure des pouvoirs? — Pourquoi le roi a-t-il cessé d'acquitter la pension qui était accordée à l'empereur en vertu du traité de paix signé à Fontainebleau, le 11 avril? — Pourquoi le roi tolérait-il les délits des ministres, qui ne se servaient de l'autorité, dit M. Méhée, que pour empêcher l'usage de nos droits? Quand reconnaîtra-t-on, ajoute-t-il, que la vraie force, la prudence, la sûreté du gouvernement, ne sont autre chose que la justice? — Pourquoi le roi qualifiait-il les citoyens du nom de sujets, puisqu'il ne peut y avoir que des *citoyens* sous un gouvernement constitutionnel?...... Et lorsqu'on a vu violer cette même charte, qui devait et qui pouvait, malgré ses vices nombreux et son insuffisance, nous rendre à la paix et conserver notre gloire, le roi nous croyait-il assez stupides pour penser que la nation n'oserait lui demander compte de l'emploi de sa puissance? Vingt-cinq ans d'infortune ne l'ont pas garanti des piéges de sa perfide cour; il n'a su voir qu'elle, quoique instruit des efforts qu'elle faisait pour empêcher la vérité de parvenir jusqu'à lui, et lui faire oublier à la fois et sa connaissance des hommes, et le terrible juge des rois, l'opinion nationale, que rien ne peut corrompre.

(13)

La charte constitutionnelle n'est qu'une ordonnance , et c'est ainsi que l'ont jugée les citoyens
éclairés de toutes les classes. Elle devait être discutée librement par les représentans de la nation;
elle ne devait et ne pouvait être promulguée qu'en
vertu du concours de la volonté générale et de celle
du roi. Sur soixante-seize articles qui la composent,
quatre mettaient de fait la puissance arbitraire ,
illimitée, c'est-à-dire la tyrannie, entre les mains
du chef de l'État ; trois blessaient la morale et les
lumières du siècle, et huit ont été violés sans mesure.

Les quatre articles précités, sont les 14ᵉ, 15ᵉ,
27ᵉ et 56ᵉ.

Article 14. *Le roi est le chef suprême de
l'État, commande les forces de terre et de
mer, déclare la guerre, fait les traités de
paix, d'alliance et de commerce, nomme à
tous les emplois de l'administration publique,
et fait les règlemens et ordonnances nécessaires pour l'exécution des lois et la sûreté
de l'Etat.*

Cet article n'eût assurément pas été consenti par
le peuple ; il en aurait proposé un autre. Il blesse
la souveraineté, en ce qu'aucune puissance suffisante n'est opposée à celle du roi, et que celui-ci
a de fait le pouvoir absolu, bien que limité en apparence par la charte. Comment peut-il y avoir
pondération, un sage équilibre, là où il y a tout
ou presque tout d'un côté, et rien ou presque rien
de l'autre ? La distribution de la puissance pour
établir l'équilibre ici semble n'avoir été faite que
pour le détruire, que pour accabler le despote sous
le poids d'un despotisme, désormais incompatible
avec les lumières du temps et nos mœurs.

Article 15. *La puissance législative s'exerce*

*collectivement par le roi, la chambre des pairs,
et la chambre des députés des départemens.*

Le principe irréfragable est que l'*indépendance
absolue entre les trois autorités fondamentales
de l'État* étant consacrée, elle ne peut être aliénée,
atteinte ni soumise à aucun examen par nulle puissance accidentelle, assujétie à la force des événemens
déterminés par la volonté d'autrui, par une addition
de moyens actifs. Cette réunion d'autorités qui ne
peuvent être que relatives dans un État constitutionnel, est le plus monstrueux abus qui puisse
s'introduire en politique. Dès lors on peut calculer
la décadence du peuple, et juger de son abrutissement par la connoissance de son caractère, de son
énergie, de ses mœurs.

« On est d'accord sur les principes. Il faut une
autorité chargée de faire la loi; mais il ne doit pas
lui appartenir de faire autre chose : il faut une autorité chargée de la faire exécuter, mais qui ne
puisse se mêler que de son exécution; c'est le
pouvoir exécutif, que nous voulons monarchique.
On convient généralement qu'il faut une troisième
autorité entre le pouvoir législatif et le pouvoir
exécutif pour les maintenir chacun dans leur équilibre, pour empêcher l'empiètement de l'un sur
l'autre, enfin pour garantir la stabilité de la constitution. L'idée est très-juste en elle-même, mais
elle ne réussira dans la pratique qu'autant qu'elle
ne s'écartera pas des principes; et dans l'art de
gouverner, on ne s'en écarte jamais impunément (1) ».

« Il est indispensable que les trois pouvoirs dont

---

(1) *Comparaison de la charte constitutionnelle avec les
vues et les projets divers ;* par Garros; mai, 1814.

se compose le gouvernement représentatif soient réellement *DIVISÉS*, c'est-à-dire *distincts et indépendans les uns des autres ;* en sorte que le premier fasse exclusivement les lois, que le second en assure exclusivement l'exécution, et que le troisième veille exclusivement à ce que les deux autres se renferment scrupuleusement dans les limites de leurs attributions respectives (1) ».

Article 27. *La nomination des pairs de France appartient au roi. Leur nombre est illimité ; il peut en varier les dignités, les nommer à vie, ou les rendre héréditaires, SELON SA VOLONTÉ.*

Le roi se réservait spécialement la puissance exécutive, et simultanément la puissance législative, quoique l'une et l'autre doivent émaner immédiatement de la volonté nationale. En investissant les pairs du pouvoir de délibérer, il les nommait, les choisissait, non de l'agrément et selon le vœu du peuple, non selon l'intention de la loi, mais bien selon l'opinion du prince, selon son caractère et son jugement personnels : de manière que les pairs n'étaient pas les hommes de la nation, les magistrats de la nation, ceux qu'elle devait nommer pour la garantir de toute atteinte, mais bien au les créatures du roi, lui qui n'est et ne doit être le premier sujet de l'État et des lois. Alors l'article 15 devenait nul par le fait de l'article précité, quoiqu'il ne pût être considéré dans aucun cas que subsidiairement. Ainsi les Français n'avaient aucune garantie de l'imperturbabilité des membres de la première chambre, puisqu'on ne pouvait les considérer que comme les instrumens passifs de la volonté du prince.

---

(1) *Appel à la raison et à la vérité ;* par Rouyer.

Article 56. *Les ministres ne peuvent être ac-cusés que pour fait de trahison ou de concussion. Des lois particulières spécifieront cette nature de délits et en détermineront la poursuite.*

Cet article, irrégulier dans sa rédaction, insuf-fisant dans toutes ses parties, illégal quant au fond, donnait aux ministres la mesure des abus qu'ils pouvaient commettre impunément. Selon l'esprit et la lettre de cet article, les ministres ne pou-vaient être accusés pour *ATTENTAT contre la constitution, contre la propriété, contre la li-berté individuelle.* La constitution de 1791 n'avait pas manqué de consacrer le contraire, en termes formels, exprès, non équivoques ; mais la consti-tution de 1791 est la constitution de 1791, c'est-à-dire le plus beau pacte social qui ait peut-être jamais existé pour l'institution d'un gouvernement mixte, tel qu'il convient au siècle et à l'étendue de notre territoire.

Les articles 38, 39 et 40, qui sont évidemment et si impolitiquement contraires à la raison, à la justice, aux lumières du siècle, sont ainsi conçus :

Article 38. *Aucun député ne peut être admis dans la chambre s'il n'est âgé de quarante ans, et s'il ne paye une contribution directe de 1,000 francs.*

Article 39. *Si néanmoins il ne se trouvait pas dans le département cinquante personnes de l'âge indiqué payant au moins 1,000 francs de contributions directes, leur nombre sera com-plété par les plus imposés au-dessous de 1,000 francs, et ceux-ci ne pourront être élus con-curremment avec les premiers.*

Article 40. *Les électeurs qui concourent à la nomination des députés ne peuvent avoir droit de suffrages, s'ils ne payent une contribution directe de* 3oo *francs, et s'ils ont moins de trente ans.*

M. Garros va encore répondre à ces articles d'une manière incontestable.

« Il est bon sans doute, dit-il, de n'accorder l'entrée aux places publiques qu'aux citoyens intéressés à l'ordre social par le besoin de conserver des biens fonds ; mais cette idée ne doit pas être le fondement de la règle d'éligibilité. Pour l'apprécier justement, il ne faut la prendre que comme une considération très-secondaire : le mérite est la condition essentielle. Qui oserait soutenir que les richesses soient la mesure du mérite ? N'est-il pas constant qu'elles le repoussent plus qu'elles ne le produisent ? Tel a toujours été l'effet du système barbare de l'inégalité des successions : les aînés, comptant sur un riche héritage, ont cru toujours, en France comme en Angleterre, pouvoir se dispenser de talens et de mœurs, tandis que les cadets, au contraire, ne fondant leur ressource que sur eux-mêmes, ont partout multiplié la classe des hommes de mérite. Ainsi, quelle erreur grave en politique de n'appeler que les riches à l'exercice des fonctions ! Ce serait tomber dans un autre extrême que de les en exclure lorsqu'ils ont des talens et des vertus ; mais ce n'est qu'à ce titre qu'ils doivent y prétendre. Combien l'oubli de cette règle nous est devenu fatal !

» Si la richesse n'engendre pas les talens, elle n'est pas la garantie de l'intégrité, suivant laquelle un fonctionnaire public doit tout sacrifier à ses devoirs. La richesse ne donne le plus souvent que la soif de l'ambition, le désir et les moyens de commettre des crimes pour assouvir cette passion, si dangereuse pour la tranquillité des peuples et des rois. Est-il donc sans exemple dans notre his-

toire que les plus riches n'aient été les plus disposés
à trahir les intérêts de l'État et du trône? Combien
de fois ils ont commis les plus grandes bassesses
pour s'enrichir ou s'élever davantage! Personne
n'ignore que les cabinets ennemis de la France,
ayant eu le tarif de la conscience de nos ministres (1), ont plus d'une fois acheté notre avilissement, la destruction de nos manufactures et la
ruine de notre commerce.

» Quels ont été le plus généralement, dans tous
les États, les instigateurs des révolutions, des factions et des guerres civiles? On ne peut avoir perdu
le souvenir que l'injustice, suivant laquelle les plus
riches propriétaires de l'État s'opposèrent à l'édit du
timbre et de l'impôt territorial, fut la cause et l'origine de notre malheureuse révolution. Que faisait le
peuple lorsque le parlement se soulevait contre un
acte de justice et d'équité de Louis XVI? Plein
d'amour pour son roi, il arrêtait les voitures, faisait descendre ceux qui passaient sur le Pont-
Neuf, et leur faisait saluer la statue de Henri IV,
comme pour rendre hommage à la sagesse du souverain devant l'image du modèle des rois.

» Il faut donc conclure que la considération de
la richesse est plus funeste qu'importante dans le
choix des hommes que l'intérêt public appelle
aux emplois, et que la vertu, accompagnée de
talens, est la vraie condition d'éligibilité.

» Mais, dit-on, l'éclat et la majesté du trône.....
Oui, cet éclat et cette majesté doivent faire l'objet

---

(1) Un Anglais se vantait aussi de le posséder. Lorsque
des membres de la Convention menacèrent le cabinet bri-
tannique de lui déclarer la guerre : *Nous ne les craignons
pas*, dit un ministre de George III, *ils sont corrompus.*

des vœux les plus ardens de la nation; mais en quoi peuvent-ils consister ? Qui serait assez insensé de dire que ce peut être dans l'amas vain et méprisable de quelques étoffes, des métaux et des pierreries, ou dans le nombre d'esclaves qu'on peut en couvrir ? Non, jamais dans aucun siècle les esclaves titrés et chamarrés n'eurent assez de force pour soutenir le piédestal du trône et l'empêcher de s'écrouler. Les Sully et les Colbert firent seuls l'éclat et la majesté de Henri IV et de Louis XIV. L'amour et la majesté de la nation forment l'auréole de la royauté; ce sont les grands ministres qui rendent la nation florissante, majestueuse et remplie d'amour pour le monarque sage qui fuit la basse flatterie, *et qui ne donne sa confiance qu'aux grands talens et aux grandes vertus*, et non aux riches seulement et aux perfides adulateurs ».

On a violé avec une audace inouie les articles 5, 8, 9, 11, 13, 69, 72 et 74. On peut consulter, à cet égard, *le Censeur*, journal plein de force et de caractère, rédigé par MM. Comte et Dunoyer, qui n'ont cessé de combattre courageusement le despotisme et les erreurs du ministère. On y verra des discussions sages et des représentations vigoureuses à l'autorité, sur l'abus des pouvoirs exercés au nom du roi.

En vertu de l'article 5, *chacun était libre de professer sa religion avec une égale liberté, et d'obtenir pour son culte la même protection.* Voilà ce qui est dans la constitution. La pratique a été les antipodes de cette sage doctrine. L'insolence des prêtres, dans ces derniers temps, me dispense de rappeler l'indignation que la nation a manifestée tant de fois jusque sous les yeux du roi, en le voyant accorder tant de latitude et de priviléges au clergé. Il est dans l'esprit des sectaires fanatiques d'être absolus : c'est tout dire.

L'article 8 porte que *les Français ont le droit de publier et de faire imprimer leurs opinions, en se conformant aux lois qui doivent réprimer les abus de cette liberté.*

Il en est sans doute, à beaucoup d'égards, de la liberté d'agir comme de la liberté d'écrire. La liberté de penser est innée. C'est le premier don que le ciel fait à l'homme, car il lui est aussi nécessaire que les sens. Qui que ce soit ne peut être ni se dire l'arbitre de ma pensée, parce qu'elle est supérieure à ma volonté, et que l'on peut enchaîner cette dernière. La faculté de penser émane donc évidemment de l'Être incréé. Je puis bien apercevoir la cause, la naissance, le progrès de ma pensée; mais d'où me vient la faculté de penser? C'est un mystère que je ne puis pénétrer, c'est le secret du créateur, qui ne m'a doué de cette faculté, comme de celle de respirer, que pour en faire usage. Détruire en moi la faculté de respirer, c'est tuer l'être physique; détruire en moi la faculté de penser, c'est tuer l'être moral; détruire en moi l'être physique et l'être moral, c'est détruire entièrement l'ouvrage du Créateur. Or, n'est-ce pas le détruire également, et le soumettre à une longue agonie, que d'enchaîner la faculté d'agir, soit au physique, soit au moral. Ces facultés doivent être réglées sans doute; mais elles ne peuvent l'être que par la loi, émanation médiate ou immédiate de ma volonté. Régler et enchaîner sont deux. Jamais règles et chaînes n'ont été synonymes.

Toute tyrannie est un délit, et tout délit est criminel. De quel droit le despote enchaîne-t-il ma personne? Qui lui a donné le pouvoir de m'as-

servir? Pourquoi a-t-il l'ambition de m'assujétir à
ses caprices, s'il dépend de lui de me rendre heureux? L'acte de despotisme est un viol des droits
que je viens d'énoncer, donc le despotisme est
illégal, donc il est criminel, donc lui et ses chaînes
doivent être brisés, s'il ne se corrige, soit que ses
victimes soient des individus blancs ou noirs. Pourquoi me laisserais-je enchaîner, lorsque tout me dit
que je suis libre, que je n'ai pas aliéné ma liberté,
que je n'ai pu l'aliéner, que nul n'a pu l'aliéner
pour moi, parce que, encore un coup, nul n'a
reçu du Créateur la mission de disposer de sa
créature de prédilection, comme d'une bête de
somme.

En raisonnant sur les principes, je trouve des
effets contraires dans la censure établie pour ex-
plorer la pensée, aussi bien que dans l'esclavage
des Nègres, consacré par les lois.

La pensée est la propriété exclusive et indivi-
sible de l'homme; c'est, je le répète, le plus beau
don qu'il ait reçu du ciel. Si c'est un crime de dé-
naturer ce que Dieu fit de plus étonnant, comment peut-on imposer des lois arbitraires à cette
faculté de l'âme qui sait triompher des supplices
et de l'oppression, et qui fait pâlir les tyrans?
Graves aristarques de la censure, pourriez-vous
trouver mes principes trop austères? Si votre réponse n'est point équivoque, de quel anathème
eussiez-vous osé frapper Jérémie criant dans les
rues de Jérusalem : *Malheur à toi, ville mau-
dite!* Ou bien, quel arrêt eussiez-vous lancé
contre le cynique d'Athènes, reprochant à ses
concitoyens leurs folies et leurs vices?

Malgré toute la modération dans le jugement
que l'on porte ordinairement sur ce qui paraît
contraire aux lois générales, on ne peut guère

considérer la censure que comme une inquisition civile, établie contre l'utile liberté de l'émission de la pensée, et contre les gouvernemens qui en font usage. Exercer, sous un monarque pacifique, la police sur les consciences, dans un État civilisé dont les premiers besoins sont le repos et la confiance, me paraît une vexation aussi impolitique qu'injuste. Cette mesure est fausse, absolument fausse. Elle devient même d'autant plus inutile, que l'esprit littéraire et l'art typographique parviennent toujours à tromper la sagacité et la surveillance des satellites de la censure. Il serait bien difficile d'oublier que, sous l'empire des censeurs théologiens, on n'imprimait que des livres de piété, et que les ouvrages philosophiques et scientifiques, qui nous font tant d'honneur chez l'étranger, en même temps qu'ils font notre orgueil et notre gloire, ont été imprimés par les soins de nos voisins, à la faveur de la liberté de la presse, et sous les auspices des gouvernemens éclairés. En spéculation, ces derniers y gagnaient assurément plus que celui de France.

En envisageant la liberté de la presse sous tous ses rapports, j'ai pesé les raisons, discuté les moyens de ses antagonistes. Dans cette liberté, la prospérité et la gloire de la nation sont évidentes, l'intérêt du gouvernement est également évident, ainsi que l'accroissement des sciences, des lettres et des arts, le repos du corps politique, la confiance des citoyens, l'amélioration des abus, le poids de l'opposition contre les actes arbitraires.

Eh ! malgré les modifications que l'on avait données à la censure, n'était-elle pas déjà un point d'appui pour le clergé ? Qui pouvait instruire le peuple des démarches obliques de cet antique despote ? Car, tant qu'il lui sera possible, il

reprendra ses anciennes coutumes avec ses priviléges. Le plus grand malheur que la France aurait
à redouter aujourd'hui, puisque le passé n'est pas
une leçon perdue, serait la latitude croissante et
l'agrandissement de la caste sacerdotale. Son esprit, naturellement captieux et remuant, a per-
suadé depuis long-temps, notamment dans ces
derniers temps, que la tolérance des gouvernemens à son égard serait un très-grand fléau pour
les peuples. Mais que résulterait-il de cette erreur
politique? Si dans ce pays on refusait désormais
la liberté d'écrire, à défaut de cette faculté, les
haines intestines, les satires voilées, les épigram-
mes anonymes, les brochures dictées par le res-
sentiment, l'armée des écrits de toute espèce rem-
plis de fiel, circuleraient, nourriraient l'indispo-
sition, le mécontentement de la classe la plus
nombreuse; et la société, avide de lire tout ce
qui est prohibé, d'accréditer des bruits insigni-
fians, de donner de la réalité aux discours, aux
idées illusoires, aux vaudevilles qui n'en étaient
pas susceptibles, rendrait vaines les mesures
prises contre les pamphlets, et la malignité ne
craindrait pas d'étendre son rire en présence de
ceux qui l'auront défendu, et qui n'auront aucun
pouvoir de l'étouffer.

Ceux qui ont prêché contre la liberté de la
presse, dont l'abbé Montesquiou a été l'éteignoir,
ressemblent à l'oiseau nocturne qui craint la lumière. Leur esprit de censure amère et de crainte
servile dénote des individus qui voulaient rappeler les préjugés féodaux et l'enthousiasme religieux, avant-coureurs du fanatisme et de l'odieux
système inquisitorial.

Malheur à ces vampires de l'espèce humaine,
dont les vœux et les actions tendaient à la répres-

sion de la pensée ! Ils doivent donc être cités au tribunal de l'opinion, et livrés à l'infamie par la voix de la philosophie.

La pensée veut être libre. Elle devient plus forte, plus énergique et plus majestueuse ; elle acquiert plus de noblesse à mesure que les persécutions dirigées contre elle augmentent. Pendant le trop long règne féodal, tous les moyens furent employés, non-seulement à étouffer l'âme de la parole, mais à rendre méprisable jusqu'à la morale qu'elle annonçait. Qu'est-il résulté de ces actes arbitraires ? On imprimait plus que jamais en secret, et l'on portait nos chefs-d'œuvre chez les typographes étrangers. Plus la tyrannie agite ses flambeaux, ses poignards et ses chaînes, plus la pensée se développe avec ardeur ; la persécution lui donne plus d'audace, accroît sa force, et prête à son énergie le dernier degré d'enthousiasme et d'héroïsme.

On oublie trop que les nations qui ne se distinguent que par des crimes, ou qui ne sont remarquables que par des malheurs, s'élèvent rapidement, paraissent sur le continent, comme les météores sur l'horizon, et s'effacent du globe pour tomber dans un éternel oubli.

Mais voyez l'Égypte, Rome, la Grèce, et cette Assyrie, et cette Corinthe, s'ils commencent à se perdre dans la nuit des temps ? Ces empires ne sont plus en partie, et leurs noms en imposent encore, et commandent l'admiration. Ils ne possédaient point l'art précieux de renouveler et de perpétuer la parole à volonté ; mais, osa-t-on, chez eux, imposer des lois arbitraires à la pensée ? Celui qui eût osé empêcher Démosthène de parler au peuple contre le tyran d'Athènes, ou Cicéron contre César, n'eût-il pas été lapidé ?

Si la presse abuse (puisqu'il faut employer ce mot) de la faculté qu'on doit lui accorder d'exercer son auguste fonction, n'y a-t-il pas des tribunaux? Pourquoi sont-ils établis, si ce n'est pour réprimer et punir tout ce qui porte atteinte aux mœurs, à la religion, à l'État, aux vues d'un gouvernement pacifique? J'aime bien, dit M. Méhée, que l'on me dise hypocritement que je puis faire un livre de 320 pages, quand je n'ai à dire que ces mots : *Les ministres ont violé la constitution !*

L'opinion générale était, que si l'on ôtait en France à l'imprimerie une certaine liberté, au moins celle qui avait été accordée par la charte, et si l'on restituait des priviléges aux nobles emparcheminés et aux prêtres, l'anarchie viendrait encore secouer ses torches incendiaires sur notre sol, et la guerre extérieure, et les déchiremens intérieurs recommenceraient avec plus de fureur. L'expérience a pleinement justifié cette opinion. Le retour de Napoléon est donc véritablement un bienfait pour tous. N'oubliez pas que la haine politique et les satellites de l'inquisition sont à nos portes. Le génie du mal ne dort jamais.

Eh ! qui a donné aux Anglais ce caractère de grandeur presque égal à celui des Romains, cette représentation majestueuse, et la suprématie sur tous les autres peuples maritimes, si ce n'est la liberté de la presse et l'avantage inappréciable d'opiner ouvertement dans les discussions publiques et particulières? Ils nous envient avec raison Raynal, Fénélon, Buffon, Mercier, surtout Montesquieu et J.-J. Rousseau, qu'ils ont placés à côté des Newton, des Pope, des Bacon, des Young, des Richardson. Eh bien! nos grands hommes eussent été heureux chez nos rivaux, on eût ho-

noré leur vieillesse littéraire, et nous les avons
persécutés! Que dis-je? n'est-ce pas le fanatisme
qui leur suscita ces persécutions honteuses, et qui
tenta de soulever le peuple contre eux pour les
livrer aux bourreaux de l'Inquisition, comme on
avait livré aux flammes leurs précieux ouvrages?...
Mânes de Rousseau, de Raynal, de Mercier, venez
presser la conscience de vos persécuteurs, que la
peur environne déjà; venez les désigner au tribunal de l'opinion, et les forcer à confesser leurs li-
cences. Car on ne craint tant la fougue de la
pensée, si je puis m'exprimer ainsi, que parce
qu'elle s'indigne de ses honteux liens, et que ses
nombreux oppresseurs redoutent l'infamie qui les
attend. On doit croire que rien n'arrêtera l'indignation des écrivains qui prendront la défense de
nos bons auteurs.

Ceux qui tonnent contre les écrivains paisibles
et solitaires qui travaillent pour la gloire de l'État,
ne sont-ils pas les ennemis même de l'État?

Otez à l'Angleterre la liberté de la presse, je ne
lui donne pas deux lustres pour retomber dans la
barbarie. La grandeur des nations et la majesté des
empires résultent donc de cette liberté, quand les
lumières y sont introduites.

La restriction portée en l'article 8 de la charte
a été interprétée défavorablement au principe qui
l'a déterminée, et auquel en cela on a fait un tort
considérable. On en a profité pour appuyer un
système illégal et contraire aux intérêts du corps
des gens de lettres, et sensiblement nuisible aux
intérêts du gouvernement; car, loin d'accorder à la
nation le droit de faire imprimer ses opinions,
on ne permettait seulement pas aux écrivains éclairés de présenter leurs vues, leurs réflexions, et
même des objections pour l'amélioration des lois.

Cet avantage n'existe qu'en Angleterre. Et nous, rivaux des Anglais, nous avions à gémir d'être obligés de nous taire, lorsque quelque vice politique rendait les meilleures lois ou impuissantes ou vexatoires!

Ces réflexions sur le droit inaliénable qu'a chacun de publier sa pensée sous sa propre responsabilité, se rattachent essentiellement à la liberté civile ou politique; car, en morale politique, la raison ne met point de différence entre le droit et l'usage. Tant que l'homme en place ne fera pas abstraction de son intérêt personnel, il est douteux que les victimes passées et à venir de l'avarice et de l'égoïsme en place gagnent jamais leur procès.

L'article 9 consacrait *l'inviolabilité des propriétés*. Des pétitions envoyées à la chambre des députés attestent que l'on usait de moyens violens pour transgresser les dispositions de cet article.

L'article 11 interdit *toute recherche des opinions et des votes émis jusqu'à la restauration de la royauté*, et commande *le même oubli aux tribunaux et aux citoyens*. Non-seulement on portait le roi à signer des ordres de proscription contre les individus qui ont participé à notre belle révolution (car elle ne cessera d'être telle pour l'ennemi des abus; et si quelques-unes de ses phases ont été horribles, n'est-ce point aux amis déchaînés de ces mêmes abus, leur mendiant par toute la terre des soutiens altérés de sang et de vengeance, qu'il faut l'attribuer?) non-seulement, dis-je, on portait le roi à signer des ordres de proscription, mais encore les prêtres prêchaient pour sanctifier ces proscriptions. Vingt-deux des membres les plus respectables de l'Institut n'étaient-ils pas menacés dérnièrement d'une proscription odieuse, et surtout bien déloyale, d'après cette promesse solennelle de l'oubli du passé, sitôt oubliée de la part de ceux qui avaient un si grand intérêt à cet oubli! On l'a dit avec raison, et ce mot, dans sa naïveté française, dit trop bien la chose pour ne pas le rapporter ici, et ne pas le répéter sans cesse : *Les Bourbons n'ont rien oublié ni rien appris.* Ils avaient tenu registre de tous les motifs de vengeance (cela nous ne l'oublierons pas), et n'avaient pas appris qu'il existe une légère différence entre le dix-neuvième siècle, qui, comme de raison, vient après le dix-huitième, et le quinzième, vrai siècle du chaos, aussi bien que les dix qui l'avaient précédé, mais que les chevaliers de l'éteignoir appellent les beaux siècles. C'est ainsi que les animaux voraces et nocturnes trouvent que la nuit est le plus beau moment de la durée de chaque révolution diurne. Il ne faut pas disputer des goûts et des appétits : mais quand cesserons-nous d'être réduits à discuter si nous devons être dévorés? Voyez ces nobles et généreux chevaliers qui s'avancent pour éclairer la discussion à leur manière, qui sont-ils? Ce sont les noirs chevaliers de l'éteignoir.

L'article 13, qui *rend les ministres responsables,* n'a-t-il pas été violé effrontément aux yeux de toute la nation, sans que pour ce délit les ministres aient été punis?

L'article 69 *garantit aux militaires en activité de service, aux officiers et soldats en retraite, aux veuves, aux officiers et soldats pensionnés, leurs grades, honneurs et pensions.* On a enlevé à l'armée, aux braves, leur solde, leurs grades et leurs honneurs, pour les donner à des émigrés, à des chefs de révolte.

L'article 72 *maintient la Légion d'Honneur.* On a voulu l'avilir en prodiguant les décorations et les outrages de toute espèce. Avec quel zèle éclairé, mais inutile, Dumolard ne l'a-t-il pas défendue dans la chambre des députés !

L'article 74, qui oblige le roi et ses successeurs à jurer, dans la solennité de leur sacre, d'observer fidèlement la charte, n'était déjà plus considéré que pour la forme, puisque par la faiblesse de son auteur à la faire observer lui-même, cette constitution ne conservait plus le caractère d'inviolabilité qu'on avait affecté d'y attacher avec éclat.

Tous les articles que je viens de rapporter comme étant extrêmement vicieux, en ce que leur insuffisance est démontrée par leur violation et l'abus qu'on en a fait impunément, sans que la société lésée ait eu le droit de réclamer contre tant d'attentats à ses garanties, à ses droits, à ses libertés; tous ces articles, dis-je, ainsi que les 16, 17, 18, 19, 20, 21, 22, 24, 25, 26, 29, 31, 33, 34, 35, 37, 41, 42, 43, 44, 45, 46, 47, 48, 50, 57, 58 et 71, devaient fixer particulièrement l'attention des deux chambres. Ils l'eussent fixée en effet, si elles avaient eu chacune seulement dix membres éclairés, justes, d'un caractère imperturbable, dignes en un mot de la place importante qu'ils occupaient. « Ils auraient réformé ou modifié eux-mêmes ces articles, dont les dispositions en général forment un contraste on ne peut pas plus choquant, soit avec les lumières actuelles, soit avec les déclarations du roi, soit avec les lois, les mœurs et les usages du peuple français (1)». Ainsi, « loin de pouvoir, lui seul (le roi), régler nos destinées, il était au contraire le seul Français qui ne pouvait

---

(1) *Appel à la raison et à la vérité.*

prendre aucune part active à l'acte qui devait les fixer (1) ».

Au reste, puisque le roi avait déclaré consentir à accepter une constitution nationale, pourquoi n'a-t-elle pas été discutée, proposée au peuple, et ensuite sanctionnée et acceptée par le roi?

Pourquoi nous a-t-on donné une charte, une ordonnance de réformation, au lieu d'une constitution nationale, comme cela était convenu?

Pourquoi cette charte n'a-t-elle pas été examinée par les deux chambres avant d'être enregistrée? Pourquoi ont-elles mis de l'aveuglement dans l'audition de sa lecture, sans oser proposer de la discuter, sans faire aucune représentation au roi; et un empressement servile, une précipitation irréfléchie à l'enregistrer? Pourquoi cette charte a-t elle été acceptée par les députés, dont les deux cinquièmes n'avaient caractère ni pour consentir au changement dans l'organisation de l'empire, ni pour représenter la nation? « Quand il s'agit d'un pacte social qui opérera le bonheur ou le malheur des générations contemporaines et futures; quand on a devant soi la nation et la postérité, on doit se pénétrer de l'importance d'une fonction dont les conséquences sont si étendues; on doit donc procéder avec la plus grande maturité pour créer des institutions fortes et libérales, comme l'a observé l'empereur Alexandre. L'a-t-on fait (2) »?

Pourquoi le ministre Montesquiou a-t-il avancé, dans son discours du 11 auguste, qu'il fallait nous ravir pendant deux ou trois ans les faveurs accordées par l'article 8 de la charte, pour le salut des

---

(1) *Réponse à quelques pamphlets contre la constitution.*
(2) Grégoire.

institutions nationales et de la marche du gouvernement? Pourquoi les députés ont-ils montré tant de pusillanimité à cette occasion, sans avoir le courage de relever une insulte faite à la nation d'une manière aussi gratuite?

Pourquoi ces députés se montraient-ils indignes de leur rang, en prenant le ton, la forme et le langage des esclaves, lorsqu'il s'agissait d'adresser une demande ou de voter des remercîmens au roi?

Pourquoi, a demandé un jurisconsulte, la charte constitutionnelle ne s'explique-t elle en aucune manière, ni sur les *devoirs de citoyen*, ni sur *l'instruction publique*, ni sur la *force armée*, ni sur le *trésor royal*, ni sur les *cas de régences et de minorités*, ni sur *l'unité monétaire*, ni sur *l'uniformité des poids et mesures*, ni sur le *commerce*, ni sur *l'industrie*, ni sur *l'agriculture*, ni sur une infinité d'autres objets non moins importans, et qui, certes, méritaient bien de trouver place dans cette *charte?*

Lorsque la charte fut ainsi violée dans ses principaux articles par le fait des ministres, notamment par l'or corrupteur et les insinuations de l'abbé de Montesquiou, le pas difficile se trouva fait pour marcher impunément de vexation en vexation. Dès lors la puissance royale cessa de se respecter, elle eut deux poids et deux mesures, et les ministres et les courtisans mirent tout en usage pour séparer les intérêts du roi de ceux du peuple. Elevé au sein d'une cour corrompue et dans la fange des préjugés gothiques, le prince n'en avait point rompu tous les liens à son retour. Sans avoir peut-être l'intention directe de heurter nos institutions, notre éducation nationale, nos principes philosophiques, nos idées libérales, il n'en pensait pas moins que la nation était faite pour le trône, et

qu'il était encore dans le droit des rois de dire : *Si
veut le roi, si veut la loi.*

C'est pourquoi sans doute le peuple a été séparé
du trône, ce qui a donné par la suite tant de prise
aux prêtres et aux émigrés contre tous ceux qui
ne pensaient pas comme eux. Il est vrai que jamais la caste nobiliaire ne serait parvenue à nous
replonger dans l'esclavage féodal, le roi avait trop
d'intérêt à s'y opposer ; mais que ne faisait-elle pas
déjà dans cette vue ! Instrumens passifs des ministres, demi-régulateurs du prince, et à leur tour
jouets des prêtres qui les faisaient avancer insen-
siblement sur la scène, les émigrés menaçaient les
citoyens, et ils s'emparaient des places qui pouvaient dans la suite seconder leurs desseins. L'a-
vocat Dart n'a-t-il pas écrit en style de stipendié
en faveur de la féodalité pour prouver que ce régime était un chef-d'œuvre politique ? Que signi-
fiaient leurs sourdes menées, et l'influence qu'ils
avaient déjà sur l'esprit du roi, sinon le réveil de
haines intestines, et le prélude des vengeances qu'ils
méditaient ?

On ne les a pas vus dans toute la France, sans
crainte et sans de sinistres pressentimens, lever une
tête audacieuse et menaçante. On n'a pas vu non
plus sans horreur les prêtres abuser de la puissance
du confessionnal, en tourmentant la conscience
timorée des femmes, pour les exciter à cou-
duire leurs maris à céder gratuitement les biens
du clergé et les biens nationaux. Que de scènes
dégoutantes se sont passées dans les départemens
par l'instigation de ces perturbateurs ! Est-il besoin
de rappeler celle de Saint-Roch pour en donner
une idée ?

Voici un fait entre les mille et un qu'on pourrait citer, qui donnera à penser quelle a été l'in-

dépendance de l'ordre judiciaire durant les onze mois qui viennent de s'écouler. Je le rapporterai en substance d'après un ouvrage (1) où l'exactitude des faits égale la force du raisonnement.

Le cardinal Mazarin légua au marquis de Mancini, son neveu, une portion assez considérable de ses biens, à charge de substitution graduelle et perpétuelle en faveur de son fils puîné, et des descendans de ce dernier par ordre de primogéniture, les filles appelées par défaut d'enfans mâles.

Un Polignac, du chef de sa mère, est appelé en 1760, à recueillir la substitution. Mais boiteux et bègue, il flatte peu l'orgueil et l'ambition de la famille; il n'est point propre à exercer ce noble métier, qui consiste à obtenir des faveurs, à séduire et à corrompre par des dehors et des propos trompeurs, métier connu sous le nom de courtisan. Le second de ses frères, doué de qualités, on ne dira pas solides, mais brillantes et brillantées par une éducation appropriée, est destiné par la famille à recueillir les biens dévolus à l'aîné. Condamné à être l'hostie de la famille, Apollinaire, avant l'âge requis, est tonsuré, pour donner un prétexte à cette usurpation, et enseveli dans un couvent de l'ordre de Cluny. Les fréquentes échappées qu'il fait du monastère indiquent son peu de vocation. Les frères de l'ordre en sont frappés, ils ne veulent pas prononcer son admission définitive. Peu importe : l'archevêque de Rouen, ami de la famille,

---

(1) La Vérité, *en morale politique, appliquée aux événemens qui ont fait passer la France de la royauté à la république, de la république à l'empire, de l'empire à la royauté, de la royauté à l'empire, etc. ; par M. Soulety.*

3

associé à ses sentimens, envoie son vicaire général, et tous les obstacles sont levés. Voilà le mal-
heureux Apollinaire Polignac sacrifié. Son indignation et son désespoir sont au comble. Que devenir? Proscrit par l'ambition, sans état, et avec
les talens d'un noble, il ne peut se faire une existence hors de ses fers. Il trouve cependant l'occasion de fréquentes sorties. La famille, qui craint
que l'affaire ne s'ébruite, obtient contre lui successivement trois lettres de cachet, dont la dernière
l'exile à Saint-Honorat, l'une des îles Marguerite
dans la Méditerranée. Sept ans s'étaient écoulés depuis son exil lorsque la révolution arrive. Apollinaire
Polignac en profite, vient à Paris avec l'habit de
garde national : la famille, du lieu de son émigration, fulmine contre cet habit. Le duc de Polignac son père le désavoue, l'accable de la ma-
lédiction paternelle, surtout le menace *de le faire
mourir de faim, s'il ne quitte cet habit ridicule*, menace qu'il renouvelle encore dans ses
lettres durant son émigration, et l'effet suivait de
près ces fulminations.

Cependant l'infortuné Apollinaire, éclairé par
les lumières et les lois de la révolution, songe à
rentrer dans ses droits. Les biens de la famille
émigrée étaient déjà sous le séquestre. Des arbitres
sont nommés par l'administration du département
de la Seine et par Apollinaire. Le tribunal arbi-
tral reconnaît, sans s'arrêter à l'illégalité des vœux,
que la substitution en question (*laquelle exclut
le substitué, s'il est dans les ordres*) a dû s'ouvrir
en sa faveur, puisqu'elle s'est ouverte avant ses prétendus vœux monastiques. Durant la vie conven-
tuelle d'Apollinaire, le benjamin des Polignac avait
joui des biens substitués, mais il avait omis de se
faire envoyer légalement en possession. En consé

quence, ces biens sont restitués à Apollinaire. Aussitôt qu'il en est en possession, il en vend une partie en faveur de M. Dellard pour s'acquitter envers lui des avances et des services continuels qu'il en avait reçus, et qui l'avaient rendu à l'existence civile.

Les émigrés rentrent. La dame Polignac, nièce d'Apollinaire, étrangère très-adroite, trouve moyen de faire fléchir et la force de la chose jugée, et la charte qui garantit la libre possession des biens nationaux (vendus ou rendus par l'administration publique). Apollinaire, coupable d'avoir revêtu l'habit national, avait commis un crime non moins irrémissible aux yeux des *Français purs*. Après s'être rendu indigne du ciel en désertant les cachots religieux, où il n'avait jamais consenti d'entrer, il se rendit encore indigne des dieux d'outre-Rhin en épousant une plébéienne, avec laquelle il vécut heureux jusqu'à sa mort, arrivée il y a deux ans. Deux jeunes orphelines, issues de ce mariage, sont impitoyablement traînées devant les tribunaux, dépouillées des biens de leur père, dont il avait été remis en possession depuis plus de vingt ans, et réduites à n'avoir d'autre existence, d'autre espoir que par la bonté, la vigilance et la fermeté éclairée de leur tuteur, M. Dellard, l'ami de leur père, à la fois dépouillé comme elles, et destitué de ses fonctions de juge de paix de Claye.... L'affaire, portée devant la cour de cassation, en était là lorsque les événemens sont venus rendre à cette intéressante famille l'espoir d'un prompt retour à la justice, au respect des propriétés, sous l'indépendance réelle de l'ordre judiciaire, aux yeux de laquelle le courtisan en faveur et la plus habile Hélène ne sauraient être des êtres privilégiés.

3.

Cette cause intéressante ne m'a point paru avoir été défendue au barreau avec l'éloquence qu'inspire l'innocence opprimée. La profession des lettres devient honorable surtout lorsque l'écrivain défend les droits de la justice et ceux de l'humanité. Il y a encore des Calas, et nous manquons de Voltaire pour plaider en leur faveur ! L'avocat de l'infortunée de Douhaut existe, et son exemple n'a pas trouvé d'imitateurs. O siècle ! ô lumières ! ô raison !... Les filles d'Apollinaire Polignac n'auront-elles hérité de leur père que d'un nom et de la haine de sa famille avare et cruelle ? J'appellerais sur celle-ci l'opinion des contemporains , la justice des lois, les regards de l'univers et de la postérité ; oui, j'appellerai sur cette famille les foudres de l'opinion. Vérité sainte ! tu sortiras de l'obscurité pour te montrer sans nuage, tu triompheras du mensonge et de l'égoïsme, et peut-être un jour des juges pusillanimes rougiront-ils d'avoir prêté trop long-temps une oreille crédule aux réclamations d'une famille intrigante, barbare et ambitieuse, pour achever de plonger deux innocentes victimes dans la misère et l'oubli de leurs droits. Et c'est un Séguier qui figure parmi ces juges ! Est-ce là porter ou traîner le nom de son père ?

Depuis six mois, l'inquiétude et le mécontentement général allaient toujours croissans. Les courtisans osaient protester devant le roi de l'attachement du peuple à la couronne, tandis qu'on déposait journellement au pied du trône les plaintes et les réclamations des citoyens, qui ne craignaient pas de braver la puissance ministérielle pour dire quelques mots de vérité. La nation, flétrie, méprisée dans l'esprit de ses voisins, humiliée à ses propres yeux, marchait encore à sa honte sur les degrés des vexations et du déshonneur ; on ne lui dissi-

mulait même pas que ses réclamations étaient re-
poussées : on voulait l'avilir sans mesure, afin de
l'opprimer sans réserve, et pour cela on attaquait
sa gloire et les droits qu'elle avait reconquis par
vingt-cinq ans de combats et de sacrifices.

Ainsi, la charte ouvertement violée, les prêtres
tolérés dans leur audace et dans leurs écarts, les
émigrés dégoutans d'astuce et de vengeance, la
nation se vit en peu de mois la dupe de quelques
intrigans, esclaves à la cour, rampant aux pieds
du chef, et tyrans dans les provinces. L'expression
est faible, si l'on considère les attentats portés aux
plus chères affections de la France :

La confiance que le gouvernement a montrée
dans le secours des puissances étrangères, en cas de
résistance dans l'intérieur ;

L'absurde prétention qu'il a tant manifestée
d'avoir régné depuis dix-neuf ans ;

La folie de regarder comme non avenu tout ce
qui s'est fait depuis vingt-cinq ans ;

Les faveurs accordées aux prétentions de la noblesse féodale ;

Le fonds de quinze millions de rentes créé pour
les émigrés ;

Les atteintes portées aux ventes des biens nationaux de toutes les origines ;

La déclaration de guerre à toutes les idées libérales, et la proposition d'un prix pour leur déni-
grement ;

Le discrédit dont on a voulu frapper toutes les
institutions que la France avait scellées de son
sang ;

L'intention manifeste des ministres de vieillir la
France, en paraissant prendre les moyens de la
renouveler ;

Les décisions arbitraires du conseil du roi en

faveur des anciens privilégiés, au détriment des propriétaires ;

L'avilissement dans lequel on voulait plonger la légion d'honneur, la dotation dont on voulait la dépouiller, et l'anoblissement de la famille de l'assassin George ;

Le mépris dont on affectait de couvrir le nom de ceux qui restaient fidèles à leurs principes et à leurs sermens ;

L'affectation constante des ministres de partager la nation en deux classes ; savoir, les émigrés d'une part, et de l'autre les Français de l'intérieur qui avaient surmonté la tempête de nos divisions ; les premiers, connus sous le nom de *purs* ou *rectilignes*, les autres sous celui de *curvilignes* ;

Le projet de fonder un monument expiatoire à la mémoire de Louis XVI ;

L'oubli des services de nos braves ; la misère, les dégoûts et les humiliations dont ils étaient abreuvés ;

L'injure faite aux départemens de leur donner pour fonctionnaires et pour premiers magistrats des traîtres à la patrie ;

La décoration accordée aux chouans, contre le gré de la plus saine partie des citoyens ;

L'expulsion des invalides de l'Hôtel consacré à la vieillesse militaire, dont quinze cents renvoyés dans leurs foyers, et la retenue de leur solde depuis huit mois ;

La suppression de la maison d'Écouen ;

La clôture des boutiques les fêtes et dimanches, tandis qu'on tolérait les mêmes jours l'ouverture des maisons de jeu et de débauche, dont on tirait un lucre honteux ;

Le rétablissement des processions, des couvens et des institutions religieuses et gothiques, que l'Etat désavouait hautement ;

L'obligation imposée aux citoyens, quelle que fût leur religion, de se conformer à la discipline et aux règlemens du culte catholique;

La suspection dont on environnait tous ceux qui osaient écrire et parler contre l'Inquisition;

L'incarcération des prêtres mariés, la réclusion de leurs femmes dans un couvent, leurs enfans traités comme des bâtards, et ce au mépris de la bulle de sécularisation du pape;

L'emprisonnement de tous les individus qui avaient participé à la publication des brochures où le nom de Napoléon était respecté;

Le renvoi de presque tous les employés nommés par l'empereur, ou sous son règne, pour faire place à une nuée de prêtres, à l'ambition desquels (a-t-on dit) le service des autels n'offrait plus rien de satisfaisant;

Les solennités religieuses dont s'occupaient incessamment les premiers magistrats de l'État, au détriment d'une foule de travaux utiles;

Le scandale du curé Marduel lors des obsèques de mademoiselle Raucour;

Le rétablissement de la traite des Nègres, et les mesures prises pour étouffer les voix courageuses qui s'élevaient contre ce commerce infâme;

L'extrême prodigalité des décorations;

La formation d'une maison militaire du roi, établie à grands frais, et composée d'imberbes ineptes, tandis que nos braves périssaient de misère et de désespoir;

L'insolence des gardes du corps envers la garde nationale lors de leur installation aux postes du château;

La publication du journal sanguinaire *la Quotidienne* (surnommée *la None sanglante*), rédigée par un prêtre sous les yeux des ministres;

Le réveil médité de nos anciennes divisions, dont on avait promis l'oubli, et dont la presse, le burin, les chaires publiques et les théâtres reproduisaient les faits;

La conduite crapuleuse et les bravades du duc de Berri;

Le démembrement dont l'Institut était menacé;

Les persécutions élevées contre nos sages et les hommes du premier mérite;

Les trente millions payés à l'Angleterre pour acquitter les dettes des Bourbons;

Les fureurs des prêtres, leurs sermons révoltans, la persécution et la guerre civile qu'ils méditaient à l'ombre des autels, et qu'ils osaient prêcher dans la chaire;

La lâcheté des députés de vouloir réparer, par des lois improvisées et des sermens tardifs à la charte, les outrages faits à la nation et à l'armée;

La préméditation d'une nouvelle Saint-Barthélemi, dont le complot, formé dans le cabinet des ministres et sous les yeux de la famille royale, a été découvert par M. Dandré;

L'enlévement des bijoux et des diamans de la couronne;

La guerre civile dont le gouvernement nous menaçait dans les placards;

La liste de proscription en plusieurs volumes, rédigée par les émigrés et les prêtres, trouvée dans ces derniers temps, etc., etc., etc.

Indépendamment des chefs d'accusation susénoncés, il en est un d'une nature extraordinaire, dont l'histoire de tous les hommes et de tous les temps ne présente pas d'exemple : je veux parler de l'assassinat provoqué contre la personne de Napoléon; savoir, dans une proclamation émanée de Louis XVIII, publiée peu de jours après la descente de l'empereur sur les côtes de France ; et dans la déclaration datée de Vienne, portant le même type, le 13 du même mois, ainsi conçue :

« Les puissances qui ont signé le traité de Paris, réunies en congrès à Vienne, informées de l'évasion de Napoléon Bonaparte et de son entrée à main armée en France, doivent à leur propre dignité et à l'intérêt de l'ordre social une déclaration solennelle des sentimens que cet événement leur a fait éprouver.

» En rompant ainsi la convention qui l'avait établi à l'île d'Elbe, Bonaparte détruit le seul titre légal auquel son existence se trouvait attachée. En reparaissant en France avec des projets de troubles et de bouleversemens, il s'est privé lui-même de la protection des lois, et a manifesté, à la face de l'univers, qu'il ne saurait y avoir ni paix ni trève avec lui.

» Les puissances déclarent en conséquence que Napoléon Bonaparte s'est placé hors des relations civiles et sociales, et que, comme ennemi et perturbateur du repos du monde, il s'est livré à la vindicte publique.

» Elles déclarent en même temps que, fermement résolues de maintenir intact le traité de Paris du 30 mai 1814, et les dispositions sanctionnées par ce traité, et celles qu'elles ont arrêtées ou qu'elles arrêteront encore pour le compléter et le consolider, elles emploieront tous leurs moyens et réuniront tous leurs efforts pour que la paix générale, objet des vœux de l'Europe et but constant de leurs travaux, ne soit pas troublée de nouveau, et pour la garantir de tout attentat qui menacerait de replonger les peuples dans les désordres et les malheurs des révolutions.

» Et quoique intimement persuadés que la France

entière, se ralliant autour de son souverain légitime, fera incessamment rentrer dans le néant cette dernière tentative d'un délire criminel et impuissant, tous les souverains de l'Europe, animés des mêmes sentimens et guidés par les mêmes principes, déclarent que si, contre tout calcul, il pouvait résulter de cet événement un danger réel quelconque, ils seraient prêts à donner au roi de France et à la nation française, ou à tout autre gouvernement attaqué, dès que la demande en serait formée, les secours nécessaires pour rétablir la tranquillité publique, et à faire cause commune contre tous ceux qui entreprendraient de la compromettre.

» La présente déclaration insérée au protocole du congrès réuni à Vienne, dans sa séance du 13 mars 1815, sera rendue publique.

» Fait et certifié véritable par les plénipotentiaires des huit puissances signataires du traité de Paris.

» A Vienne, le 13 mars 1815.

(Suivent les signatures dans l'ordre alphabétique des cours),

» *Autriche :* le prince de Metternich, le baron de Wessemberg.—*Espagne :* P. Gomez Labrador.— *France :* le prince Talleyrand, le duc de Dalberg, la Tour du Pin, le comte Alexis de Noailles. — *Grande-Bretagne :* Wellington, Clancarty, Cathcart, Stewart. — *Portugal :* le comte de Palmella, Saldanha, Lobo. — *Prusse :* le prince de Hardenberg, le baron de Humboldt. — *Russie :* le comte de Rasoumowski, le comte de Stackelberg, le comte de Nesselrode.—*Suède :* Lœwenhielm ».

Le duc d'Otrante, ministre de la police générale, a déclaré, dans la séance au conseil des ministres du 29 mars :

« Que cette déclaration, provoquant l'assassinat

de l'empereur, lui paraît apocryphe ; que, si elle pouvait être vraie, elle serait sans exemple dans l'histoire du Monde ; que le style de libelle, dans lequel elle est écrite, donne lieu de penser qu'il faut la classer au nombre de ces pièces fabriquées par l'esprit de parti et par ces folliculaires, qui, sans mission, se sont, dans ces derniers temps, ingérés dans toutes les affaires d'État ; qu'elle est supposée signée des ministres anglais, et qu'il est impossible de penser que les ministres d'une nation libre, et surtout lord Wellington, aient pû faire une démarche contraire à la législation de leur pays et à leur caractère ;

» Qu'elle est supposée signée des ministres d'Autriche, et qu'il est impossible de concevoir, quelques dissentimens politiques qui existassent d'ailleurs, qu'un père pût appeler l'assassinat sur son fils ; que, contraire à tout principe de morale et de religion, elle est attentatoire au caractère de loyauté des augustes souverains dont les libellistes compromettent ainsi les mandataires ;

» Que cette déclaration est connue depuis plusieurs jours, mais que, par les considérations qui viennent d'être déduites, elle avait dû être considérée comme digne d'un profond mépris ; qu'elle n'a été jugée devoir fixer l'attention du ministère que lorsque des rapports officiels venus de Strasbourg et de Metz, ont fait connaître qu'elle a été apportée en France par des couriers du prince de Bénévent ; fait constaté par le résultat de l'enquête qui a eu lieu et des interrogatoires qui ont été subis ;

» Qu'enfin il est démontré que cette pièce, qui ne peut pas avoir été signée par les ministres de l'Autriche, de la Russie, de l'Angleterre et de la Prusse, est émanée de la légation du comte de

Lille à Vienne, laquelle légation a ajouté au crime de provoquer l'assassinat celui de falsifier la signature des membres du congrès.

» La prétendue déclaration du congrès, les rapports de Strasbourg et de Metz, ainsi que l'enquête et les interrogatoires qui ont été faits par les ordres du ministre de la police générale, et qui constatent que ladite déclaration est émanée du comte de Lille à Vienne, seront renvoyés aux présidens des sections du conseil ».

La commission des présidens du conseil d'État, en conséquence du renvoi qui lui a été fait, après avoir examiné le rapport du ministre de la police générale, et les pièces qu'il y a jointes, s'exprime ainsi, dans sa séance du 2 avril :

« La déclaration est dans une forme si inusitée, conçue dans des termes si étranges, exprime des idées tellement anti-sociales, que la commission était portée à la regarder comme une de ces productions supposées, par lesquelles des hommes méprisables cherchent à égarer les esprits, et à faire prendre le change à l'opinion publique.

» Mais la vérification des procès-verbaux dressés à Metz et des interrogatoires des couriers, n'a pas permis de douter que l'envoi de cette déclaration n'eût été fait par les membres de la légation française à Vienne, et elle doit conséquemment être considérée comme adoptée et signée par eux.

» C'est sous ce premier point de vue que la commission a cru devoir d'abord examiner cette production, qui n'a point de modèle dans les annales de la diplomatie, et dans laquelle des Français, des hommes revêtus du caractère public le plus respectable, commencent par une espèce de mise hors la loi, ou, pour parler plus nettement, par une provocation à l'assassinat de l'empereur Napoléon.

» Nous disons avec le ministre de la police que cette déclaration est l'ouvrage des plénipotentiaires français, parce que ceux d'Autriche, de Russie, de Prusse, d'Angleterre n'ont pu signer un acte que les souverains et les peuples auxquels ils appartiennent s'empresseraient de désavouer.

» Et d'abord ces plénipotentiaires, coopérateurs pour la plupart du traité de Paris, savent que Napoléon y a été reconnu comme conservant le titre d'Empereur et comme souverain de l'île d'Elbe : ils l'auraient désigné par ces titres, et ne se seraient écartés ni au fond ni dans la forme du respectueux égard qu'ils imposent.

» Ils auraient senti que, d'après les lois des nations, le prince le moins fort par l'étendue ou la population de ses états, jouit, quant à son caractère politique et civil, des droits appartenant à tout prince souverain, à l'égal du monarque le plus puissant; et Napoléon, reconnu sous le titre d'Empereur et en qualité de prince souverain par toutes les puissances, n'était pas plus qu'aucune d'elles justiciable du congrès de Vienne.

» L'oubli de ces principes, impossible à supposer dans les plénipotentiaires qui pèsent les droits des nations avec réflexion, sagesse et maturité, n'a rien d'étonnant quand il est manifesté par quelques ministres français à qui leur conscience reproche plus d'une trahison, chez qui la crainte a produit l'emportement, et dont les remords égarent la raison.

» Ceux-là ont pu risquer la fabrication, la publication d'une pièce telle que la prétendue déclaration du 13 mars, dans l'espoir d'arrêter la marche de Napoléon, et d'abuser le peuple français sur les vrais sentimens des puissances étrangères.

» Mais il ne leur est pas donné de juger comme

elles le mérite d'une.nation qu'ils ont méconnue, trahie, livrée aux armes de l'étranger.

» Cette nation brave et généreuse se révolte contre tout ce qui porte le caractère de la lâcheté et de l'oppression; ses affections s'exhaltent quand leur objet est menacé ou atteint par une grande injustice, et l'assassinat auquel provoquent les premières phrases de la déclaration du 13 mars ne trouvera de bras pour l'accomplir, ni parmi les 25 millions de Français, dont la majorité a suivi, gardé, protégé Napoléon de la Méditerranée à la capitale, ni parmi les 18 millions d'Italiens, les 6 millions de Belges ou riverains du Rhin et les peuples nombreux d'Allemagne qui, dans cette conjoncture solennelle, n'ont prononcé son nom qu'avec un souvenir respectueux, ni au sein de la nation anglaise indignée, dont les honorables sentimens désavouent le langage qu'on a osé prêter aux souverains.

» Les peuples de l'Europe sont éclairés : ils jugent les droits de Napoléon, les droits des princes alliés et ceux des Bourbons.

» Ils savent que la convention de Fontainebleau est un traité entre souverains; sa violation, l'entrée de Napoléon sur le territoire français ne pouvait, comme toute infraction à un acte diplomatique, comme toute invasion hostile, amener qu'une guerre ordinaire, dont le résultat ne peut être, quant à la personne, que d'être vainqueur ou vaincu, libre ou prisonnier de guerre; quant aux possessions, de les conserver ou de les perdre, de les accroître ou de les diminuer; et que toute pensée, toute menace, tout attentat contre la vie d'un prince en guerre contre un autre est une chose inouie dans l'histoire des nations et des cabinets de l'Europe.

» A la violence, à l'emportement, à l'oubli des principes qui caractérisent la déclaration du 13 mars, on reconnaît les envoyés du même prince, les organes des mêmes conseils qui, par l'ordonnance du 9 mars, mettaient aussi Napoléon hors la loi, appelaient aussi sur lui les poignards des assassins, promettaient aussi un salaire à qui apporterait sa tête.

» Et cependant qu'a fait Napoléon ? Il a honoré par sa sécurité les hommes de toutes les nations qu'insultait l'infâme mission à laquelle on *voulait* les appeler : il s'est montré modéré, généreux, protecteur envers ceux-là même qui avaient dévoué sa tête à la mort.

» Quand il a parlé au général Excelmans, marchant vers la colonne qui suivait de près Louis-Stanislas-Xavier, au général comte d'Erlon qui devait le recevoir à Lille, au général Clausel qui allait à Bordeaux où se trouvait la duchesse d'Angoulême, au général Grouchy qui marchait pour arrêter les troubles civils excités par le duc d'Angoulême, partout enfin des ordres ont été donnés par l'empereur pour que les personnes fussent respectées et mises à l'abri de toute attaque, de tout danger, de toute violence, dans leur marche sur le territoire français, et au moment où elles le quitteraient.

» Les nations et la postérité jugeront de quel côté a été, dans cette grande conjoncture, le respect pour le droit des peuples et des souverains, pour les règles de la guerre, les principes de la civilisation, les maximes des lois civiles et religieuses. Elles prononceront entre Napoléon et la maison de Bourbon.

» Si, après avoir examiné la prétendue déclaration du congrès sous ce premier aspect, on la discute dans ses rapports avec les conventions diplomatiques, avec le traité de Fontainebleau du 11 avril, ratifié par le gouvernement français, on trouvera que sa violation n'est imputable qu'à ceux-là même qui la reprochent à Napoléon.

» Le traité de Fontainebleau a été violé par les puissances alliées et par la maison de Bourbon en ce qui touche l'empereur Napoléon et sa famille, et en ce qui touche les intérêts et les droits de la nation française.

» 1°. L'impératrice Marie-Louise et son fils devaient obtenir des passeports et une escorte pour se rendre près de l'empereur; et, loin d'exécuter cette promesse, on a séparé violemment l'épouse de l'époux, le fils du père, et cela dans les circonstances douloureuses où l'âme la plus forte a besoin de chercher de la consolation et du support au sein de sa famille et des affections domestiques.

» 2°. La sûreté de Napoléon, de sa famille impériale et de leur suite était garantie (art. 14 du traité) par toutes les puissances; et des bandes d'assassins ont été organisées en France sous les yeux du gouvernement français, et même par ses ordres, comme le prouvera bientôt la procédure solennelle contre le sieur de Montbreuil, pour attaquer et l'empereur, et ses frères, et leurs épouses. A défaut du succès qu'on espérait de cette première branche du complot, une émeute a été disposée à Orgon, sur la route de l'empereur, pour essayer d'attenter à ses jours par les mains de quelques brigands; on a envoyé en Corse, comme gouverneur, un sicaire de George, le sieur Brulart, élevé exprès au grade de maréchal-de-camp, connue en Bretagne, en Anjou, en Normandie, dans la Vendée, dans toute l'Angleterre, par le sang qu'il a répandu, afin qu'il préparât et assurât le crime : et en effet, plusieurs assassins isolés ont tenté, à l'île d'Elbe, de gagner, par le meurtre de Napoléon, le coupable et honteux salaire qui leur était promis.

» 3°. Les duchés de Parme et de Plaisance étaient donnés en toute propriété à Marie-Louise pour elle, son fils et ses descendans; et, après de longs refus de les mettre en possession, on a consommé l'injustice par une spoliation absolue, sous le prétexte illusoire d'un échange sans évaluation, sans proportion, sans souveraineté, sans consentement; et les documens existans aux relations extérieures, que nous nous sommes fait représenter, prouvent que c'est sur les sollicitations, sur les instances, par les intrigues du prince de Bénévent, que Marie-Louise et son fils ont été dépouillés.

» 4°. Il devait être donné au prince Eugène, fils adoptif de Napoléon, qui a honoré la France qui le vit naître, et conquis l'affection de l'Italie qui l'adopta, un établissement convenable hors de France, et il n'a rien obtenu.

» 5°. L'empereur avait (art. 9 du traité) stipulé en faveur des braves de l'armée la conservation de leurs dotations sur le *monte Napoleone ;* il avait réservé sur le domaine extraordinaire et sur des fonds restans de sa liste civile des moyens de récompenser ses serviteurs, de payer les soldats qui s'attachaient à sa destinée; tout a été enlevé, réservé par les ministres des Bourbons. Un agent des militaires français, M. Bresson, est allé inutilement à Vienne réclamer pour eux la plus sacrée des propriétés, le prix de leur courage et de leur sang.

» 6°. La conservation des biens meubles et immeubles de la famille de l'empereur est stipulée par le même traité (art. 6) ; et elle a été dépouillée des uns et des autres ; savoir, à main armée en France par des brigands commissionnés ; en Italie, par la violence des chefs militaires ; dans les deux pays, par des séquestres et des saisies solennellement ordonnés.

» 7°. L'empereur Napoléon devait recevoir 2 millions, et sa famille 2 millions 5oo,ooo fr. par an, selon la répartition établie art. 6 du traité : le gouvernement français a constamment refusé d'acquitter cet engagement, et Napoléon se serait vu bientôt réduit à licencier sa garde fidèle, faute de moyens pour assurer sa paye, s'il n'eût trouvé dans les reconnaissans souvenirs des banquiers et négocians de Gênes et d'Italie l'honorable ressource d'un prêt de 12 millions qui lui fut offert.

» 8°. Enfin, ce n'était pas sans motif qu'on voulait, par tous les moyens, éloigner de Napoléon ces compagnons de sa gloire, modèles de dévouement et de constance, garans inébranlables de sa sûreté et de sa vie. L'île d'Elbe lui était assurée en toute propriété (art. 3 du traité); et la résolution de l'en dépouiller, désirée par les Bourbons, sollicitée par leurs agens, avait été prise au congrès.

» Si la Providence n'y eût pourvu dans sa justice, l'Europe aurait vu attenter à la personne, à la liberté de Napoléon, relégué désormais à la merci de ses ennemis, loin de sa famille, et séparé de ses serviteurs, ou à Sainte-Lucie ou à Sainte-Hélène, qu'on lui assignait pour prison.

» Et quand les puissances alliées, cédant aux vœux imprudens, aux instances cruelles de la maison de Bourbon, ont condescendu à la violation du contrat solennel, sur la foi duquel Napoléon avait dégagé la nation française de ses sermens ; quand lui-même, et tous les membres de sa famille, se sont vus menacés, atteints dans leurs personnes, dans leurs propriétés, dans leurs affections, dans tous les droits stipulés en leur faveur comme princes, dans ceux même assurés par les lois aux simples citoyens, que devait faire Napoléon?

» Devait-il, après avoir enduré tant d'offenses, supporté tant d'injustices, consentir à la violation complétée des engagemens pris avec lui, et, se résignant personnellement au sort qu'on lui préparait, abandonner encore son épouse, son fils, sa famille, ses serviteurs fidèles à leur affreuse destinée?

» Une telle résolution semble au-dessus des forces humaines, et pourtant Napoléon aurait pu la prendre si la paix, le bonheur de la France eussent été le prix de ce nouveau sacrifice. Il se serait encore dévoué pour le peuple français, duquel, ainsi qu'il veut le déclarer à l'Europe, il se fait gloire de tout tenir, auquel il veut tout rapporter, à qui seul il veut répondre de ses actions et dévouer sa vie.

» C'est pour la France seule et pour lui éviter les malheurs d'une guerre intestine qu'il abdiqua la couronne en 1814. Il rendit au peuple français les droits qu'il tenait de lui; il le laissa libre de se choisir un nouveau monarque, et de fonder sa liberté et son bonheur sur des institutions protectrices de l'un et de l'autre.

» Il espérait pour la nation la conservation de tout ce qu'il avait acquis par vingt-cinq années de combats et de gloire, l'exercice de sa souveraineté dans le choix d'une dynastie et dans la stipulation des conditions auxquelles elle serait appelée à régner.

» Il attendait du nouveau gouvernement le

4.

respect pour la gloire des armées, les droits des braves, la garantie de tous les intérêts nouveaux, de ces intérêts nés et maintenus depuis un quart de siècle, résultant de toutes les lois politiques et civiles, observées, révérées depuis ce temps, parce qu'elles sont identifiées avec les mœurs, les habitudes, les besoins de la nation.

» Loin de là, toute idée de la souveraineté du peuple a été écartée.

» Le principe sur lequel a reposé toute la législation politique et civile depuis la révolution a été écarté également.

» La France a été traitée par les Bourbons comme un pays révolté, reconquis par les armes de ses anciens maîtres, et asservie de nouveau à une domination féodale.

» Louis-Stanislas-Xavier a méconnu le traité qui seul avait rendu le trône de France vacant, et l'abdication qui seule lui permettait d'y monter.

» Il a prétendu avoir régné dix-neuf ans ; insultant ainsi les gouvernemens établis depuis ce temps, le peuple qui les a consacrés par ses suffrages, l'armée qui les a défendus, et jusqu'aux souverains qui les ont reconnus dans leurs nombreux traités.

» Une charte rédigée par le sénat, tout imparfaite qu'elle fût, a été mise en oubli.

» On a imposé à la France une loi prétendue constitutionnelle, aussi facile à éluder qu'à révoquer, et dans la forme des simples ordonnances royales, sans consulter la nation, sans entendre même ces corps devenus illégaux, fantômes de représentation nationale.

» Et comme les Bourbons ont ordonné sans droits et promis sans garantie, ils ont éludé sans bonne foi et exécuté sans fidélité.

» La violation de cette prétendue charte n'a été

restreinte que par la timidité du gouvernement ; l'étendue des abus d'autorité n'a été bornée que par sa faiblesse.

» La dislocation de l'armée, la dispersion de ses officiers, l'exil de plusieurs, l'avilissement des soldats, la suppression de leurs dotations, la privation de leur solde ou de leur retraite, la réduction des traitemens des légionnaires, le dépouillement de leurs honneurs, la prééminence des décorations de la monarchie féodale, le mépris des citoyens, désignés de nouveau sous le nom de *Tiers État*, le dépouillement préparé et déjà commencé des acquéreurs de biens nationaux, l'avilissement actuel de la valeur de ceux qu'on était obligé de vendre, le retour de la féodalité dans ses titres, ses privilèges, ses droits utiles ; le rétablissement des principes ultramontains, l'abolition des libertés de l'église gallicane, l'anéantissement du concordat, le rétablissement des dîmes, l'intolérance renaissante d'un culte exclusif, la domination d'une poignée de nobles sur un peuple accoutumé à l'égalité, voilà ce que les Bourbons ont fait ou voulaient faire pour la France.

» C'est dans de telles circonstances que l'empereur Napoléon a quitté l'île d'Elbe : tels sont les motifs de la détermination qu'il a prise, et non la considération de ses intérêts personnels, si faible près de lui, comparée aux intérêts de la nation à qui il a consacré son existence.

» Il n'a pas apporté la guerre au sein de la France ; il y a au contraire éteint la guerre que les propriétaires de biens nationaux, formant les quatre cinquièmes des propriétaires français, auraient été forcés de faire à leurs spoliateurs ; la guerre que les citoyens opprimés, abaissés, humiliés par les nobles, auraient été forcés de déclarer à leurs oppresseurs; la guerre que les protestans, les juifs, les hommes des cultes divers, auraient été forcés de soutenir contre leurs persécuteurs.

» Il est venu délivrer la France, et c'est aussi comme libérateur qu'il a été reçu.

» Il est arrivé presque seul; il a parcouru deux cents vingt lieues sans obstacles, sans combats, et a repris sans résistance, au milieu de la capitale et des acclamations de l'immense majorité des citoyens, le trône délaissé par les Bourbons, qui, dans l'armée, dans leur maison, dans les gardes nationales, dans le peuple, n'ont pu armer personne pour essayer de s'y maintenir.

» Et cependant, replacé à la tête de la nation qui l'avait déjà choisi trois fois, qui vient de le désigner une quatrième fois par l'accueil qu'elle lui a fait dans sa marche et son arrivée rapides et triomphales, de cette nation par laquelle et pour l'intérêt de laquelle il veut régner, que veut Napoléon?

» Ce que veut le peuple français, l'indépendance de la France, la paix intérieure, la paix avec tous les peuples, l'exécution du traité de Paris du 30 mai 1814.

» Qu'y a-t-il donc désormais de changé dans l'état de l'Europe et dans l'espoir du repos qui lui était promis? Quelle voix s'élève pour demander ces secours qui, suivant la déclaration, ne doivent être donnés qu'autant qu'ils seront réclamés?

» Il n'y a rien de changé, si les puissances alliées reviennent, comme on doit l'attendre d'elles, à des sentimens justes, modérés; si elles reconnaissent que l'existence de la France dans un état respectable et indépendant, aussi éloignée de conquérir que d'être conquise, de dominer que d'être asservie, est nécessaire à la balance des grands royaumes, comme à la garantie des petits États.

» Il n'y a rien de changé, si, respectant les droits d'une grande nation qui veut respecter les droits de toutes les autres, qui, fière et généreuse, a été abaissée, mais ne fut jamais avilie, on lui laisse reprendre un monarque, et se donner une constitution et des lois qui conviennent à ses mœurs, à ses intérêts, à ses habitudes, à ses besoins nouveaux.

» Il n'y a rien de changé, si, n'essayant pas de contraindre la France à reprendre avec une dynastie dont elle ne peut plus vouloir, les chaînes féodales qu'elle a brisées, à se soumettre à des prestations seigneuriales ou ecclésiastiques dont elle est affranchie, on ne veut pas lui imposer des lois, s'immiscer dans ses affaires intérieures, lui assigner une forme de gouvernement, lui donner des maîtres au gré des intérêts ou des passions de ses voisins.

» Il n'y a rien de changé, si, quand la France est occupée de préparer le nouveau pacte social qui garantira la liberté de ses citoyens, le triomphe des idées généreuses qui dominent en Europe et qui ne peuvent plus y être étouffées, on ne la force pas de se distraire pour combattre, de ses pacifiques pensées et des moyens de prospérité intérieure auxquels le peuple et son chef veulent se consacrer dans un heureux accord.

» Il n'y a rien de changé, si, quand la nation française ne demande qu'à rester en paix avec l'Europe entière, une injuste coalition ne la force pas de défendre, comme elle l'a fait en 1792, sa volonté et ses droits, et son indépendance, et le souverain de son choix ».

Il résulte donc de la nature de tous ces actes,

1°. Que les Bourbons ont donné la preuve incontestable de leur nullité, de leur incapacité à régner ;

2°. Que leur politique est incompatible avec les nouveaux intérêts, comme avec la gloire du peuple français, parce qu'ils n'ont rien su oublier, que leurs actions et leur conduite démentaient leurs paroles ;

3°. Qu'on n'a cessé de mettre le prince en opposition avec les principes et les lumières du siècle, et, par une conséquence essentielle, avec ses engagemens les plus solennels ;

4°. Que les princes et les ministres sont évidemment coupables d'avoir laissé ou fait prêcher ouvertement le rétablissement du système féodal, d'avoir agité les consciences, d'avoir rappelé des dénominations oubliées, d'avoir ressuscité les partis, d'avoir ébranlé toutes les bases de l'édifice social ;

5°. Que tous les actes du gouvernement étaient marqués au coin de la trahison ;

6°. Que du fait de ces actes matériels et notoires, les Bourbons ne pouvaient occuper le trône français, et qu'aucun des actes qui les en exclut n'est illégal dans ses formes, et est exécutoire dans tout son contenu ;

7°. Qu'ils ont trompé la nation, abusé de sa confiance, froissé ses intérêts les plus sacrés, en les séparant du trône, et en ne remplissant pas les engagemens qu'ils avaient contractés envers elle, avant leur entrée à Paris ;

8°. Qu'ils ont manisfesté d'une manière sensible et par un consentement tacite, l'intention de faire le procès à la révolution, en tolérant d'ailleurs les journaux et les écrits qui réveillaient les scènes horribles dont on s'était étudié jusqu'alors à effacer le cruel souvenir ;

9°. Enfin que, par suite d'un examen sévère de leur conduite et de leur nullité, ils ont blessé la dignité de la nation, encouru l'indignation des gens de bien, la haine des victimes qu'on a blessées, le mépris de tous les amis de l'ordre, et se sont montrés indignes pour jamais d'être replacés au trône de la France; qu'elle doit les rejeter de son sein; que s'étant ainsi déclarés ses ennemis, ils doivent être considérés comme traîtres à l'État et coupables de lèse-nation, s'ils tentaient à l'avenir de troubler son repos, en ce que la loi les frappe de l'exil, et qu'elle ne les distingue plus des autres individus qu'elle bannit.

Heureusement qu'il restait à la France quelques hommes d'un caractère imperturbable, éclairés, distingués parmi nous, vénérés chez l'étranger, et dont le nom était encore une garantie pour les idées libérales contre les infractions du despotisme et du fanatisme religieux. Que dis-je? les Carnot, les Grégoire, que l'opinion appela tant de fois à défendre nos libertés, étaient déjà voués à la proscription aussi bien que leurs émules. Cette même opinion s'élevait pour les défendre à son tour, quand l'apparition subite de Napoléon paralysa les complots de leurs ennemis.

Le génie de la France veillait sur ses destins. La Providence ne permit pas que nous fussions déchirés de nouveau par les serpens de l'anarchie. Fière de conserver son noble caractère, la nation fut indignée des liens qu'on lui préparait; elle frémit en voyant les Bourbons disposés à faire reculer sa civilisation vers les siècles barbares. Napoléon vivait encore, il respirait pour elle. Elle n'hésita pas à le rappeler, non comme monarque, mais comme un Dieu libérateur. Elle n'a jamais été si grande que dans cette circonstance.

L'empereur devait revoir cette patrie embellie par ses soins, et pour laquelle il médite des jours de paix, de gloire et de félicité. Il a entendu les vœux de la France, et est revenu sur les ailes de l'opinion, sauver encore une fois ce beau pays des mains de la trahison et d'une guerre civile inévitable. Règne des lois, tu ne seras plus une fiction pour nous. En recouvrant nos droits, nos libertés, nos titres à l'estime et à l'admiration de l'univers, nous avons pensé avec le prince que ses intérêts étaient les nôtres, que de nouveaux liens d'amour et de zèle devaient nous rapprocher de lui, et que les bases du trône ne seraient garanties désormais que par un échange libre, mutuel, raisonné, de sentimens et de confiance dégagés de toute crainte, de toute défiance, de tout intérêt personnel.

C'est donc en faisant abnégation du moi individuel, ce n'est qu'en considérant avant tout l'intérêt général, que le gouvernement de notre choix sera fort de l'amour du peuple, et que nous aurons une patrie.

Des lois libérales, des institutions libres et sages, le concours des volontés, une harmonie constante entre le prince et la nation, consolideront le règne de la justice et celui de la sagesse de notre gouvernement. L'étranger superbe cessera de croire que la France est une proie dont il peut à coup sûr méditer la conquête, et compter sur la puissance de son or pour corrompre les enfans nés de la gloire. Nous n'ignorons pas qu'il comptait sur nos divisions, et qu'il se flattait que l'arrivée de Napoléon seconderait ses vues ambitieuses.

C'est en veillant aussi sur nos intérêts les plus chers que nous parviendrons à les garantir des atteintes ennemies; c'est en veillant également à nos institutions civiles, que nous parviendrons à les préserver de la peste du fanatisme religieux; et c'est en nous rapprochant de l'esprit de la morale que nous contiendrons l'intolérance et les perfidies des prêtres de mauvaise foi désignés par l'opinion publique. Ils levaient naguère une tête altière et menaçante, parce qu'un roi dévot les protégeait de son égide : aujourd'hui qu'il n'est plus, ils vont rentrer dans les bornes de la modestie d'où ils ne devraient jamais sortir ; c'est-à-dire ils vont redevenir insidieux dans leur ministère, souples dans leurs actions, hypocrites en tout, et seront assez adroits pour faire oublier leurs écarts et leurs détestables discours. Le fanatisme (a-t-on dit), long-temps comprimé, a relevé sa tête hideuse ; il n'a pu cacher ses espérances ; nous avons vu ses sombres regards briller d'un rayon de joie féroce ; déjà nous avons entendu ses accens furieux retentir dans les temples de la paix et de la miséricorde, et appeler le ciel au secours de ses vengeances........ Déjà il rassemblait de toutes parts ses prosélytes, au milieu desquels il distillait le venin qui le dévorait. Là, étaient formés et préparés ces plans d'astuce, d'intrigue et d'hypocrisie qui, par des empiétemens successifs, sollicités et obtenus au nom des intérêts du ciel, devaient lui restituer le sceptre universel des opinions et des consciences.

La lumière n'est point ennemie de la lumière : celle qui nous vient de la raison ne peut être contraire à celle qui nous vient de la religion ; l'une et l'autre sont l'ouvrage du Créateur ; l'une et l'autre s'accordent à crier du fond de nos consciences que l'imposture est une action infâme. Voyons-nous les gardiens de la morale évangélique s'élever contre les abus dont le christianisme est souillé ? Comment se fait-il que les ministres d'un Dieu dont le royaume n'est pas de ce monde, sachent défendre leurs intérêts temporels avec tant d'énergie, et que leur éloquence les abandonne lorsqu'il s'agit du précepte qui renferme tous les autres préceptes, celui de la charité universelle ? Comment se fait-il qu'on les trouve toujours prêts à transiger sur leurs devoirs les plus sacrés, tandis qu'on les voit toujours si actifs et si persévérans dans le souvenir des offenses dont le pardon leur est prescrit ? Parlez à chacun d'eux en particulier, soit de l'égoïsme qui tue tout ce qu'il touche, soit du monstrueux commerce des Nègres, il vous dira qu'il en gémit en secret : mais est-ce en secret qu'il gémit de la perte de ses dîmes et de ses bénéfices ? Est-ce en secret qu'il déplore éternellement des maux irréparables ? Est-ce en secret qu'au lieu d'invoquer le Dieu de clémence il appelle ses foudres vengeresses ? Quand verronsnous ces hommes, consacrés par leur état à la prière et à la paix, s'efforcer sincèrement de calmer les passions, abjurer leurs ressentimens personnels, prêcher d'exemple, marcher sur les traces des apôtres leurs prédécesseurs, se renfermer enfin dans la doctrine de leur divin maître, si patient, si miséricordieux ? Le siècle de l'hypocrisie est passé ; nous ne jugeons plus les hommes que sur leurs actions ; nous ne croyons plus à la bonne foi de ceux qui nous ont trompés ; nous ne croyons plus à l'humanité de ceux qui veulent venger le sang par le sang ; nous ne croyons plus à la piété de ceux qui sont dominés par l'avarice ; nous ne croyons plus à l'esprit de mortification de ceux qui, pour avoir tous les matins leur sucre et leur café, autorisent par leur approbation tacite le martyre continuel d'un million de créatures humaines.

Nous avions d'autant moins de paix intérieure à espérer que l'opinion la plus sévère frappe partout les prêtres. Rien ne leur coûterait pour troubler le monde entier. Un instinct inexplicable porte incessamment à les observer. Ils sont d'autant plus dangereux dans l'État, qu'ils font corps à part, qu'aucun intérêt ne lie leur existence à la patrie, qu'aucun de leurs liens n'est attaché au pivot de la chose publique. Egoïstes par caractère, ils s'isolent de la foule, font cause séparée des citoyens, de manière qu'étant répandus partout, ils ne sont engagés nulle part que dans les attributions de leur ministère.

Ils n'ignorent pas combien la nation les voit avec indifférence, et que, sans la nécessité où l'on est de les immiscer aux affaires de conscience, on n'hésiterait pas à les placer dans une situation qui les empêcherait de sortir de l'esprit de l'évangile et du cercle de leurs devoirs.

Le scandale causé par Marduel, curé de Saint-Roch, à l'occasion des obsèques de mademoiselle Raucour, a produit à Paris une fermentation générale, un mécontentement si prononcé, que le roi a été blâmé hautement de tolérer une telle conduite. Il est mille et un faits de ce genre que l'on peut recueillir dans les départemens. Une vérité frappante qui n'a pu échapper aux lecteurs des *Nuits sentimentales d'un jeune solitaire* (1), c'est que j'ai prédit un fait qui s'est vérifié à la lettre. Voici ce passage : *Il n'y a pas trente ans, on excommuniait encore les comédiens. Il est plaisant que ces messieurs, pour contrarier le clergé, ne fissent pas profession du déisme. Cette religion leur eût sans doute évité des procès pendant leur vie, et le scandale à leur*

---

(1) A Paris, chez Chanson, imprimeur-libraire, rue et maison des Mathurins, n° 10.

mort. Je doute qu'on renouvelle ces scènes dégoû-
tantes ; car LE PEUPLE NE SERAIT PAS D'HUMEUR A
LES SOUFFRIR, et il aurait raison. *Il faut punir
le ridicule et l'insolence.*

Cet article est d'autant plus remarquable, que
l'ouvrage a été publié en novembre dernier, quelques mois avant la mort de la célèbre actrice.

Ennemi de tout ce qui tend à dégrader l'homme,
je livrai, dans cet ouvrage, la guerre aux tyrans
et aux ennemis de la raison, et signalai l'imposture du charlatanisme en soutane. Il y avait alors
du courage à dire la vérité. Voici quelques-uns des
passages qui m'ont attiré tant d'injures de la part
du *Journal général de France* et de la *Quotidienne.*

« La religion est destinée à consoler l'homme
dans ses peines, à le soutenir dans l'adversité, à
lui inspirer une entière confiance dans la Providence, non à lui donner des terreurs qui blessent
l'équité, et qui ne peuvent émaner de la justice
céleste. Fuyez ces hommes barbares qui, le front
décoré de la tiare et vêtus de la robe pontificale,
prêchent le dogme sanguinaire de l'intolérance ;
frappez-les d'anathème, et n'écoutez que ces prêtres
simples dans leurs mœurs, sublimes par leurs
vertus, qui ne voient que des frères dans ceux
qui ne sont pas de leur culte (XVIe NUIT).

» On a eu beau prêcher contre l'indécence des
convois, l'avarice de ceux qui devraient être dé-
sintéressés par état ne cessera de braver les convenances sociales et l'opinion publique, que lorsqu'un gouvernement éclairé osera les contrarier
pour les rendre dociles. Il ne faut pas à ces messieurs des monarques pacifiques, ils sont trop vigi-
lans (XVIIe NUIT).

» J'ai peur que la fureur des fondations religieuses se répande encore chez nous. Frappons donc du mépris et de l'anathème le mourant qui disposera d'une partie de sa fortune en faveur d'une secte avare et ambitieuse, au lieu d'en répandre la rosée sur la tête des infortunés. L'humanité souffrante sera-t-elle vainement entendre des cris déchirans à nos cœurs blasés (IDEM) ?

» La philosophie commence enfin à être goûtée de la nation. On ne renouvelle plus ces cérémonies extravagantes que le pédantisme et la Ligoterie firent naître. Le même peuple plaisante aujourd'hui sur les extravagances qu'on lui faisait faire si sérieusement autrefois (IDEM).

» O Français! ne vous applaudissez pas de ne plus avoir à nourrir de fainéans cloîtrés, vous êtes encore menacés de la cafarderie jésuitique. Alors on vous prouvera bien clairement, à la manière des jésuites, que le droit de publier votre opinion n'est que le droit de la faire mutiler par le ciseau d'un aristarque à gages. Pauvre France! on te fera répandre encore bien des larmes amères (IDEM).

» La noblesse et le clergé réunis, séparément, ou conjointement en corps, sont les abus politiques les plus dangereux à l'État. Ces deux ordres sont comme le serpent qui rejoint sympathiquement les parties séparées de son corps, tant que la tête n'est pas assujétie à suivre la filière des lois (XVIIIe NUIT).

» C'est en vain que les imposteurs se couvrent du masque religieux, et veulent détourner *le flambeau de la vérité;* la vérité, une, éternelle, imprimée dans tous les cœurs, se montre malgré eux, perce à travers les efforts du mensonge, et les décèle.... (XIXe NUIT)».

C'est en revenant aux idées libérales, en faisant

un sincère retour aux principes, que nous sentirons davantage la nécessité d'avoir de véritables ministres de paix, des hommes qui mettraient tous leurs soins à nous faire pressentir une Providence, et non un dieu cruel, despote, semblable à eux. Alors, seulement alors, nous aurons une religion. Jusqu'à présent on n'a presque pas cessé de faire de l'Evangile un objet de spéculation, une marchandise banale, une affaire d'argent.

Le plus grand pas vers ce but est fait. La raison a brisé ses indignes liens ; elle est répandue dans toute la France. En éclairant les hommes après tant de siècles de torpeur et d'ignorance, elle a arraché le masque du fanatisme religieux, et n'a fait voir que des charlatans et des imposteurs dans la plupart des prêtres. Couvrons, couvrons de l'opprobre les indignes ministres de Christ, mais que les bons soient adoptés par la reconnaissance publique : ils sont les enfans-nés de la patrie.

On a la preuve récente que les prêtres travaillaient à fomenter la guerre civile, afin d'exercer leurs vengeances, de nous affliger d'un tribunal inquisitorial, et de recouvrer toute la puissance dont ils jouissaient il y a un siècle. Parmi les nombreux exemples que je pourrais citer, je me bornerai à un seul. On avait envoyé des missionnaires à Beauvais, département de l'Oise. Lorsqu'ils y furent établis, ils parvinrent tellement à *fanatiser* la majeure partie des habitans, surtout les jeunes gens, que l'on singea la religion dans ce qu'elle a de plus vénérable. On fit un aveu public de la confession ; la chaire devint une chaise curule où, par une bigarrure inouïe, on prêcha simultanément l'Evangile et la politique, l'intolérance religieuse et la persécution pour cause d'opinion. Les missionnaires osèrent même de là jeter à la tête des auditeurs des chansons que le peuple ramassa et chanta dans le temple. Ces démons à forme humaine engageaient les royalistes à dénoncer les impériaux; ils les autorisaient même à les tuer jusque sur les degrés de l'autel, et, s'ils eussent été trop nombreux, de leur déclarer la guerre, promettant de se mettre à la tête *des honnêtes gens*, et de les conduire au combat le crucifix en main.... Nouveaux Séides, cinq cents séminaristes sont sortis des écoles pour aller opérer une révolution dans la Vendée, contre Napoléon. Monstres dignes de l'esprit qui les dirige, ils prenaient déjà de gaîté de cœur le poignard qui déchira le sein de la patrie sous les Charles IX et les Louis XIV..... La plume se refuse à retracer de pareilles images. Nous votons donc hautement pour que la prêtrise ne soit exercée que par des hommes dignes d'en revêtir le caractère sacré, qui se feraient du moins un devoir de ne pas s'écarter de l'esprit de la morale évangélique.

Il ne nous reste plus d'efforts à faire pour recouvrer nos droits. En voulant désormais régner par les lois, en voulant n'être que l'organe d'une législation nationale, l'empereur nous impose des devoirs dont il nous laisse la récompense dans la satisfaction de les remplir. Il éteint par sa seule présence toute idée de guerre civile, toute cause de malversations; il veut confondre ses intérêts dans les nôtres, être grand par la nation, magnanime avec elle, juste envers tous, clément envers ses ennemis. Oublions le passé, qu'il n'y ait plus qu'une seule volonté pour dissiper les orages de l'avenir, et qu'un seul mouvement pour nous rallier autour du trône.

Sainte philanthropie, tu respires donc enfin parmi nous! Il nous est permis de nous livrer aux plus douces espérances, de fraterniser, de bénir le jour qui est devenu le prélude de la régénération perfectionnée de la France.

L'empereur reconnaîtra bientôt qu'il lui suffit d'être juste envers le peuple, pour mériter son idolâtrie. Il saura alors ce que peut l'amour d'une nation grande et généreuse pour le monarque, quand celui-ci règne en père.

Il faut au citoyen une garantie pour son repos, pour ses propriétés, pour la sûreté de tout ce qui lui est cher. Où trouvera-t-il cette garantie, si elle n'existe pas dans la sagesse du chef de l'État, dans l'harmonie de ses membres, dans la consolidation des principes, dans l'unité des volontés, dans le sentiment raisonné de la nécessité où chacun est de remplir ses devoirs, dans le concours enfin de tous ceux qui peuvent assurer le salut général. Il faudrait que dans un État civilisé un citoyen pût dormir sans crainte sur une place publique, sa bourse déposée à ses pieds.

Une des principales causes des malheurs et des désordres de la société, c'est que les individus sacrifient trop à l'égoïsme. En s'isolant les uns des autres, ils ne se voient qu'avec défiance, ils ne peuvent croire que l'intérêt de chacun ne s'accroît qu'en raison de l'intérêt combiné de tous, par leur réunion, leur harmonie, leur amour pour la chose publique; et que sans cette mutuelle activité, l'existence du corps politique n'a qu'un principe faible, qui s'éteint presque à sa naissance, précisément parce qu'il n'est point organisé sur les bases de la raison et du sentiment.

Tel est l'état de l'opinion chez nous, qu'il n'y a personne qui ne désire la paix, la jouissance des libertés, la renaissance du commerce et des arts, et de vivre désormais à l'ombre d'une législation forte, énergique et modérée. Nos idées sur ce principe se sont tellement accrues, mûries, prononcées; l'opinion est tellement d'accord avec nos besoins, nos mœurs, nos institutions, qu'il était impossible que les Bourbons conservassent la puissance. Ceci n'est point une hypothèse. Nous avons besoin d'un chef de bonne foi, qui soit assis sur un trône né de la révolution, formé avec cette génération, d'un chef qui nous conserve la vigueur de nos forces, l'activité de notre existence politique, la noble attitude qui convient à un grand peuple, le caractère national qu'on voulait éteindre, le sentiment enfin de notre dignité et de notre influence en Europe, et qui nous garantisse l'inviolabilité des personnes et des propriétés.

L'empereur sait maintenant combien l'opinion est puissante. Il ne voudra plus désormais que la vérité lui soit cachée, il la cherchera de lui-même, il la connaîtra par ses propres soins. Le choix des ministres qu'il vient de faire nous assure la constance de cette vérité. Il ne les a point choisis parmi ses courtisans, il ne les a pas tirés de sa cour : l'opinion les lui désignait. Ces hommes imperturbables, disait-elle en lui montrant Carnot et Fouché, sont tes amis et ceux du peuple; leur caractère connu te conciliera à la fois l'amour des Français, l'estime de l'Europe, l'admiration du monde. Entouré de ces généreux citoyens, ils écarteront du trône l'erreur, le mensonge, la fourbe; ils empêcheront que l'adulation n'influe sur toi; par eux ton peuple sera heureux; avec eux tu feras de grandes choses; et quand la patrie leur devra son repos, sa splendeur, son activité première, tu connaîtras l'étendue de sa reconnaissance, par son amour pour ta gloire et la prospérité de l'empire confié à tes soins.

L'empereur vient de rendre un hommage éclatant aux principes libéraux, à ces principes qui firent toute notre force, et que ses vils flatteurs, sangsues intéressées au désordre du despotisme, avaient tant défigurés à ses yeux; il vient d'appeler M. Carnot au ministère de l'intérieur, et M. Fouché à celui de la police. Ce sage retour du grand homme sur lui-même est célébré par une joie indicible, par la reconnaissance nationale. Ces ministres, dès leur début, ont pleinement rempli l'attente du monarque et de la nation, en rendant eux-mêmes hommage aux principes éternels et immuables de la morale-politique. Elle est empreinte dans la lettre et l'esprit des circulaires dignes d'eux, qu'ils ont publiées dès leur avénement au ministère. Je crois devoir les rapporter ici comme une preuve éclatante en faveur du but de mon ouvrage, qui est de démontrer *la nécessité pour la France de suivre les principes libéraux.*

Lettre du ministre de l'intérieur à MM. les préfets des départemens.

Paris, le 22 mars 1815.

« Monsieur le préfet, vous avez été prévenu par une lettre du ministre secrétaire d'État, du 21 de ce mois, que l'empereur est rentré dans sa capitale, et que vous alliez recevoir des instructions du ministre de l'intérieur que S. M. allait nommer.

» L'empereur a bien voulu m'honorer de son choix, et je me félicite des relations qu'il va me donner avec vous; je suis bien sûr qu'elles me seront très-agréables, parce que votre zèle, votre dévoûment et vos efforts seront infatigables pour répondre dignement à la confiance de S. M.

» L'empereur, entouré de l'armée et du peuple, a traversé ses états au milieu des plus douces émotions : sa marche présentait partout l'aspect d'une pompe triomphale ; et cette pompe, dont l'enthousiasme seul a fait les frais, n'a pas coûté une larme à un seul de ses sujets, qu'il appelait partout ses enfans, qui revoyaient en lui un père tout occupé de leur bonheur et de la gloire nationale. Quelle confiance, quelle sécurité un tel retour doit inspirer à vos administrés !

» Des princes faibles, imposés par l'étranger, devenus étrangers eux-mêmes à nos lois, à nos mœurs, ont tenté, pendant un interrègne de onze mois, de nous ramener aux temps de la féodalité ; ils déguisaient mal leurs vues sous le manteau de quelques idées libérales qui n'étaient que dans leur bouche ; mais ce qu'ils n'ont pu déguiser, c'est cette poignée d'hommes attachés à leur cause, minorité effrayante qui les a laissé voir presque seuls fuyant une patrie qui, pour le seconde fois, les repousse de son sein.

» Déjà les pièces officielles, imprimées au *Moniteur*, vous ont fait connaître les magnanimes intentions de notre légitime souverain : ne perdez pas un moment pour les répandre parmi vos administrés, en les faisant publier et afficher. Rappelez à leur poste les fonctionnaires municipaux qui en ont été éloignés à cause de leurs opinions politiques, de leur qualité d'acquéreurs de domaines nationaux, etc.

» Partout où le bien du service de l'empereur et de la nation, *qui ne sauraient aujourd'hui être séparés*, vous paraîtra rendre cette mesure convenable ou nécessaire, vous ferez ce rappel, ou des nominations provisoires dont vous ne manquerez jamais de m'informer dans les vingt-quatre heures. Vous joindrez à votre lettre un tableau nominatif, accompagné de notes propres à fixer mon opinion, toutes les fois qu'il s'agira de présentations à faire à l'empereur pour des nominations définitives. Lorsqu'il ne s'agira que de fonctionnaires qui avaient déjà été nommés par S. M., et que vous rappellerez à leur poste, vous vous bornerez à m'en envoyer les noms, en vous référant aux notes qui seraient déjà dans mes bureaux.

» Pénétrez-vous bien, monsieur, des intentions que l'empereur a exprimées pour le bonheur du peuple, et unissons nos efforts pour faire chérir un prince qui nous est rendu par la Providence, et qui garantit à nous et à nos enfans l'égalité des droits civils, la jouissance de toutes les propriétés, et celle non moins précieuse de l'honneur national.

» Je compte sur votre zèle pour rendre à votre correspondance son ancienne activité; je ne manquerai jamais d'y donner tous mes soins et toute mon attention ».

Lettre du ministre de la police générale à MM. les préfets des départemens.

Paris, le 31 mars 1815.

« M. le préfet, il m'a paru nécessaire de déterminer le but et la nature des relations qui vont s'établir entre vous et moi.

» Les principes de la police ont été subvertis : ceux de la morale et de la justice n'ont pas toujours résisté à l'influence des passions. Tous les actes d'un gouvernement né de la trahison ont dû porter l'empreinte de cette origine.

» Ce n'était pas seulement par des mesures publiques qu'il pouvait flétrir les souvenirs les plus chers à la nation, préparer des vengeances, exciter des haines, briser les résistances de l'opinion, rétablir la domination des priviléges, et anéantir la puissance tutélaire des lois : ce gouvernement, pour accomplir ses intentions, a mis en jeu les ressorts secrets d'une tyrannie subalterne, de toutes les tyrannies la plus insupportable.

» On l'a vu s'entourer de délateurs, étendre ses recherches sur le passé, pousser ses mystérieuses inquisitions jusqu'au sein des familles, effrayer par des persécutions clandestines, semer les inquiétudes sur toutes les existences, détruire enfin par ses instructions confidentielles l'appareil imposteur de ses promesses et de ses proclamations.

» De pareils moyens blessaient les lois et les mœurs de la France : ils sont incompatibles avec un gouvernement dont les intérêts se confondent avec ceux des citoyens.

» Chargée de maintenir l'ordre public, de veiller à la sûreté de l'État et à celle des individus, la police, avec des formes différentes, ne peut avoir d'autre règle que celle de la justice ; elle en est le flambeau, mais elle n'en est pas le glaive : l'une prévient ou réprime les délits que l'autre ne peut punir ou ne peut atteindre : toutes deux sont instituées pour assurer l'exécution des lois et non pour les enfreindre, pour garantir la liberté des citoyens et non pour y porter atteinte, pour assurer la sécurité des hommes honnêtes et non pour empoisonner la source des jouissances sociales.

» Ainsi, monsieur, votre surveillance ne doit s'étendre au-delà de ce qu'exige la sûreté publique ou particulière, ni s'embarrasser dans les détails minutieux d'une curiosité sans objet utile, ni gêner le libre exercice des facultés humaines et des droits civils, par un système violent de précautions que les lois n'autorisent pas ; ni se laisser entraîner par des présomptions vagues et des conjectures hasardées à la poursuite de chimères qui s'évanouissent au milieu de l'effroi qu'elles occasionnent.

» Votre correspondance, réglée sur les mêmes principes, doit sortir de la routine de ces rapports

périodiques, de ces aperçus superficiels et purement moraux, qui, loin d'instruire et d'éclairer
l'autorité, répandent autour d'elle les erreurs, les
préventions, une sécurité fausse ou de fausses
alarmes.

» Je ne demande et ne veux connaître que des
faits, des faits recueillis avec soin, présentés avec
exactitude et simplicité, développés avec tous les
détails qui peuvent en faire sentir les conséquences,
en indiquer les rapports, en faciliter le rappro-
chement.

» Vous remarquerez toutefois que, resserrée
dans d'étroites limites, votre surveillance ne peut
juger l'importance des faits qu'elle observe. Tel
événement peu remarquable en apparence dans la
sphère d'un département, peut avoir un grand
intérêt dans l'ordre général, par ses liaisons avec
des analogues que vous n'avez pu connaître : c'est
pourquoi je ne dois rien ignorer de ce qui se passe
d'extraordinaire ou selon le cours habituel des
choses.

» Telle est, monsieur, la tâche simple et facile
qui vous est imposée.

» La France, réintégrée dans la jouissance de
ses droits politiques, replacée dans toute sa gloire,
sous la protection de son empereur, la France n'a
plus de vœux à former et plus d'ennemis à craindre.

» Le gouvernement trouve dans la réunion de
tous les intérêts, dans l'assentiment de toutes les
classes, une force réelle à laquelle les ressources
artificielles de l'autorité ne peuvent rien ajouter.
Il faut abandonner les erremens de cette *police
d'attaque*, qui, sans cesse agitée par le soupçon,
sans cesse inquiète et turbulente, menace sans garantir et tourmente sans protéger.

» Il faut se renfermer dans les limites d'une police libérale et positive, de cette *police d'obser-*

vation, qui, calme dans sa marche, mesurée dans ses recherches, active dans ses poursuites, partout présente et toujours protectrice, veille pour le bonheur du peuple, pour les travaux de l'industrie, pour le repos de tous.

» Ne cherchez dans le passé que ce qui est honorable et glorieux à la nation, ce qui peut rapprocher les hommes, affaiblir les préventions et réunir tous les Français dans les mêmes idées et les mêmes sentimens.

» J'aime à croire, monsieur, que je serai puissamment secondé de vos lumières, de votre zèle, de votre patriotisme et de votre dévouement à l'empereur ».

Ainsi, nous verrons, par les soins de ces deux ministres, le commerce recréé, l'agriculture et les agriculteurs protégés, les élections organisées de manière à donner des garanties pour leur régularité, c'est-à-dire pour la libre émission des suffrages; la liberté assise sur ses bases, les lettres encouragées, l'instruction publique soumise à un mode nouveau et raisonné d'après la morale, l'esprit public, ce talisman des grands peuples, raffermi d'une manière invariable, et la France jouir du repos qu'elle a acheté par tant de sacrifices.

Il est permis de croire aujourd'hui que la félicité publique ne sera plus un vain fantôme. La philosophie peut relever son noble front ; la philanthropie ne sera plus mise à côté du crime; la tolérance ne gémira plus de l'audace des prêtres; et la pensée, librement émise, ne s'exprimera que pour rendre grâce à la Providence de la pacification de la France, et peut-être bientôt de celle de l'Europe. Non, cet espoir ne sera plus déçu. Jetons un voile sur le passé, unissons nos vœux, ratifions le pacte social de 1791, et que nos mains relèvent l'édifice de nos heureuses destinées. Nous le devons sans doute, nous le pouvons sans crainte. En nous plaçant tous simultanément sous l'égide de nos sages lois, sous le triangle de la raison, qui pourra nous empêcher d'édifier pour l'éternité?

Plus que l'on ne croit, les peuples s'instruisent tous les jours sur leurs droits et sur les devoirs des princes. La raison nationale a gagné singulièrement depuis trente ans. La morale évangélique, la saine philosophie marchent, vers leur prospérité et leur consolidation, d'un pas lent mais assuré. Ou l'Europe n'a pas deux cents ans d'existence politique, ou elle doit éprouver une amélioration sensible qui mettra immédiatement le système de la philanthropie dans une plénitude évidente, dans une activité permanente. L'expérience du passé, les leçons que nous ont laissées les anciens, la force immuable de la morale, tout concourt à des changemens universels dans l'ordre constitutionnel des États; tout tend à une révolution générale dont les conséquences doivent être l'évidence des grandes vérités, la félicité publique, le respect de la raison et des principes de l'Evangile, une coordination libérale dans les devoirs et les convenances réciproques, une unité de sentimens et une connaissance exacte des droits de l'homme avec les devoirs qui résultent essentiellement de ces droits. Il y a des esprits éclairés qui croient de bonne foi à la possibilité d'une si heureuse révolution. Alors, alors, le sort des Russes est-il douteux aussi bien que le sort des serfs de l'Allemagne, de la Pologne, de la Bohême, etc.? S'il y a peu de prémisses sans conséquence, les prémices de cette révolution n'existent-elles pas depuis plus d'un siècle, et ne s'accroissent-elles pas encore tous les jours?

Oui, un secret pressentiment me fait entrevoir la pacification de l'Europe et les destinées de ma patrie. Encore quelque temps, et nous jouirons d'un bonheur stable. Quelques sacrifices seront nécessaires pour ce grand œuvre. En nous rendant à l'esprit de la constitution de 1791, en nous accordant la liberté de la presse, Napoléon a voulu nous donner un gage non équivoque de la sincérité du vœu qu'il a émis en revenant parmi nous, celui de commencer le cours de son nouveau règne par préparer le bonheur des Français. Éclairé par l'expérience, il est convaincu qu'un gouvernement paternel est le seul que nous pourrons garantir de l'orage des révolutions et des atteintes de l'ambition.

Ah! du moins, il faut l'espérer : un jour peut-être les hommes cesseront d'écouter leurs passions pour faire de la morale la base de l'ordre civil. J'appelle de tous mes vœux ce jour fortuné. Alors la vertu, l'innocence, la pudeur cesseront de se plaindre, puisque le crime sera relégué dans ses antres ténébreux. Dans les désirs du cœur, dans les conceptions de la douce philanthropie évangélique, je ne cesse d'appeler une confédération fraternelle; je ne puis croire que les hommes seront constamment corrompus, et que l'ami de la vérité ne verra pas son règne établi. Si c'est là rêver, je préfère mes illusions à la lumière qui éclaire la plaie hideuse d'un mal incurable; et si je gémis sur la destinée de celui qui souffre sans avoir mérité son sort, c'est que je ne puis me faire illusion sur la réalité des maux actuels.

Hommes de tous les pays et de toutes les classes, n'oubliez pas que vous êtes entouré d'imposteurs et de tyrans qui étudient vos penchans, vos goûts, vos principes, qui feignent avec une basse duplicité de les épouser, afin de vous étouffer. Ils sont fourbes, et vous êtes de bonne foi; ils sont traîtres, et vos actions sont pures; ils sont capables de faire

autant de mal que vous avez de volonté à faire
le bien. L'abus de leur autorité et de votre cré-
dulité ne leur coûtera pas, s'ils jugent cet abus
nécessaire à leur cruelle prospérité; ils se sont
arrangés pour cela.

Si la puissance de Dieu est dans le bon usage
qu'il en fait, comment reconnaîtrais-je celle de
l'homme par le mal qu'elle lui fait faire? La bonté
souveraine soutient l'univers et l'ordre des choses;
le méchant semble travailler incessamment à détruire, à accroître le chaos ou le désordre. Dieu
l'a fait bon, à son image: il est déchu de son état
de perfection, et il a voulu que son créateur de-
vînt semblable à lui. Que l'homme cesse d'obéir à
l'impulsion de ses passions, je deviendrai son
ami. Jusque-là il sera trop loin de moi pour
m'en laisser approcher.

Dans l'ordre de la nature, il n'y a ni roi ni
sujet; tous les hommes sont égaux, c'est un des
élémens de l'éternelle raison, de l'immuable justice.

Mais sitôt que l'homme veut satisfaire plus am-
plement et plus sûrement ses besoins, il se trouve
soumis à des institutions. Comme tous les hommes
ont des besoins, aucun ne peut dire à un autre:
Je suis plus que toi. La nature a fait des forts et
des faibles, à la vérité, mais une abeille n'a-t-elle
pas la puissance de triompher du lion? Ainsi donc,
tout homme qui fait un droit de sa force est par
là même l'ennemi de son espèce.

Si l'homme est faible, il peut faire le mal pour
devenir puissant, et acquérir les moyens qui cons-
tituent la force, de là la puissance pour agir et
dominer sur ce qui l'environne.

Il était donc nécessaire que les sociétés se don-
nassent des lois pour protéger le faible, pour
réprimer le fort et l'ambitieux.

Mais en morale politique, peut-il y avoir des

lois oppressives ou vexatoires? Parce que la loi est l'oracle né et reçu pour régir les peuples, il n'est pas de son essence de me faire tort pour satisfaire l'ambition de mon voisin.

Je tire de là la conséquence naturelle et immédiate du droit d'agir, de la liberté de penser, de la faculté de me soustraire à la tyrannie.

Le droit d'agir est donc un droit inviolable, inaliénable, tant qu'il ne lèse pas l'intérêt d'autrui. Si je fais incessamment un bon usage de ce droit imprescriptible, c'est sans doute un crime de me le ravir, puisque c'est violer l'ordre établi par la Providence.

La nature n'a pu donner et n'a point donné à l'homme le droit inique d'opprimer l'homme. Celui qui viendrait me dire, en vertu de sa force supérieure à la mienne, qu'il est mon maître, n'aurait de ma part qu'un sourire d'indignation; s'il persiste et que j'aie un poignard dans mes mains, n'ai-je pas le même droit de m'en servir, que lui des chaînes qu'il porte dans les siennes pour me les imposer? Si, réglant tout par le droit du plus fort, je le deviens par l'addition en moi de ce faible instrument, j'ai donc alors ce droit du plus fort, celui d'user et d'abuser.... Quel droit affreux ! direz-vous. Eh ! que dis-je autre chose? Sans doute celui qui met en usage ce droit, puisqu'il faut lui donner ce nom, ce droit de la force (qui est l'inverse des droits qui sont la force morale), qui n'est un droit que dans les êtres dépourvus de moralité, comme le tigre et l'ours; sans doute, dis-je, celui qui use de ce droit affreux, lorsque les circonstances le mettent dans ses mains, devient un tyran, l'ennemi de son pays, du genre humain, qui établit entre les hommes un état de lutte continuelle, où, successivement, le plus fort devenant le plus faible, *et vice versâ*,

n'ont plus, selon ce droit absurde, qu'une existence précaire, l'opprimé pouvant arracher le
cœur de l'oppresseur, dès qu'il est à son tour le
plus fort, soit par l'adresse, le courage, le tu-
multe, les cris, l'aveugle rage, la honte de céder,
l'ardente soif du sang, le désespoir, la mort qui
plane sur toutes les têtes, si la force physique,
l'aveugle force matérielle n'est constamment en-
chaînée par la force morale, dont la source est
dans la conscience, l'expression dans les lois, et
surtout dans l'Évangile.

Quel droit! celui qu'un instant de fièvre, un pied
de vent peut détruire ?.... Les droits de l'homme
sont des êtres moraux, éternels, indestructibles :
la force physique, comme tout ce qui est matériel, n'a qu'une existence instantanée, qu'une
force supérieure, c'est-à-dire que mille accidens
peuvent détruire, détruisent en effet. Maîtres de
la terre, à qui le hasard a confié pour un moment
la force, servez-vous-en pour rétablir le respect des
véritables droits; édifiez pour l'avenir. La force
physique est destinée à protéger les droits, la loi,
la propriété, la sûreté individuelle et sociale. Dès
le moment que la force physique devient un droit,
c'est un abus intolérable. C'est l'appui qui prend
la place de l'édifice appuyé. Or, cet édifice est
votre asile, il va s'écrouler sur vous, tout les premiers, dès le moment que vous souffrirez ce dé-
placement de l'étage matériel, grossier et périssable, qui soutient l'édifice moral impérissable, qui
peut être détraqué un instant pour se reproduire
l'instant d'après; mais en attendant vous aurez
péri dans la confusion par votre faute.

Hommes à canons, à baïonnettes, arsenaux am-
bulans et fragiles, ne lirez-vous jamais l'histoire !
Ah ! pour votre sûreté, pour la nôtre, pour notre
existence commune, car nous sommes tous hom-

mes, êtres périssables, oh ! daignez, daignez ne pas dédaigner l'histoire ! qu'elle ne soit pas vainement appelée l'école des rois et des détenteurs de la paix et de la vie des autres hommes, qui ne sauraient être en sûreté dans l'état de lutte où les plonge nécessairement l'oubli des droits, des droits qui ne doivent dépendre de cet accident qu'on appelle la force, ni de la taille, ni de la couleur, ni du climat. Partout la nature est une, immuable dans ses lois morales, périssable dans ses accidens physiques, qui ne font que passer pour se reproduire sous mille formes différentes. L'empire de la force morale, des droits, voilà l'ordre ; l'empire de la force physique, voilà le chaos ! c'est-à-dire la source de toutes les horreurs. Pourriez-vous les aimer, ces horreurs dont vous avez été si long-temps victimes ? Prévenez-les, éloignez les donc enfin de vous et de nous, et vous serez bénis !...

Les peuples libres ont été florissans tant qu'ils ont joui de leur liberté. Aussitôt que des usurpateurs la leur ont ravie, comme César à Rome, les éphores à Sparte, les archontes à Athènes, ces États, invincibles et heureux sous le régime de la liberté, ont décliné à vue d'œil sous le joug du pouvoir arbitraire.

Le pouvoir arbitraire ! voilà le tombeau de la dignité de l'homme, de la puissance et du bonheur des États. Qu'il est insensé celui qui dit : Je serai tout ! Un homme, un vil vermisseau, qui, noyé dans l'immensité de l'espace, ose se déclarer souverain absolu, usurpe les prérogatives de Dieu, et par cette proclamation délirante il appelle autour de lui tous les vices, tous les abus, et principalement l'affreuse hypocrisie, dont le masque et l'encensoir lui ravissent à jamais les rayons salutaires du flambeau de la vérité.

« Les effets de la force sont versatiles, dit le

sage auteur du *Coup d'œil sur le Code Napoléon en Allemagne;* ils peuvent changer d'une
génération, d'une année, d'un jour, d'une minute
à l'autre!... Il n'y a de proprement constant, de
stable, que l'état de choses qui repose sur l'ordre
immuable de la justice et de la raison.

» La *justice*, la *raison*, les *lumières*, voilà la
loi du monde aujourd'hui. C'est à ces sources
pures que toutes les institutions modernes doivent
inévitablement venir s'empreindre du sceau des
convenances sociales. Toutes celles qui ne sont
pas marquées de cette empreinte sublime doivent
changer, ELLES CHANGERONT. On avance cette as-
sertion après avoir vu l'Europe, ses progrès, ses
lumières, l'esprit qui la dirige... Partout la dignité
de l'homme est singulièrement rehaussée à ses
propres yeux, et les convenances sociales parfai-
tement senties ».

Les Bourbons ont constamment repoussé ces
maximes, ces avis salutaires gravés aujourd'hui
dans tous les cœurs français, et qui seuls pouvaient
former autour du trône une égide sacrée. En éloi-
gnant d'eux spécialement ceux qui avaient depuis
tant d'années mérité la confiance de toute la nation,
par le sacrifice généreux de leur sang et par une
conduite irréprochable, les princes aliénaient d'eux
aussi la confiance du peuple : je veux parler de
cette garde, constamment victorieuse et jamais
vaincue, si courageuse aux combats, si modeste
après le triomphe. Cependant elle voulut bien oublier l'injure qu'on lui faisait de la séparer du
trône, pour représenter au roi combien cette action
affligeait la patrie, et ce qu'il avait à faire dans cette
circonstance. Voici la réclamation énergique et
sage qu'elle déposa au pied du trône. Ce morceau
est peu répandu, le roi ayant défendu sa publication. Nous croyons faire plaisir à nos lecteurs en

le transcrivant ici : il mérite d'être mis sous les yeux du soldat.

Conduite et réclamation de la garde impériale, adressée à Louis XVIIe.

« Exempt d'intrigues et de toute espèce de partis, un soldat ne connaît ni la bassesse des cours ni leur orgueil. La nation lui désigne un chef: fidèle à la patrie, il ne connaît qu'elle, il est heureux de mourir pour elle.

» Pendant vingt ans la nation, en butte à diverses factions, nous a toujours trouvés dans le sentier de l'honneur. Fidèles à sa cause, nous avons élevé de notre sang au faîte des grandeurs militaires les Moreau, les Pichegru, les Bernadotte.... l'ambition les a égarés ! Ingrats et traîtres envers leur patrie, ils ont tourné leurs armes contre elle ! Sous le général Hoche, nous avons pacifié la Vendée, et fait rentrer dans le devoir des hommes qui séparaient leur cause de celle de la nation; qui, sous prétexte de venger un roi victime de sa bonté et de sa faiblesse, faisaient couler le sang des Français au sein de la France.

» Dans le choc de la révolution, nous avons prodigué notre sang contre les ennemis de la patrie. L'Italie nous a vus, sous un chef habile, paraître et triompher. L'Allemagne a frémi de nos succès. Nous avons suivi aveuglément le chef que la nation nous a donné. Sous la Convention et le Directoire, nous avons été fidèles à l'honneur et à la patrie; sous le général Buonaparte, sous les consuls, sous l'empereur Napoléon, proclamé par le peuple et par l'armée, nous n'avons point changé.

» Cet homme que la France nomma son empereur, que la France appela son génie tutélaire, que la France a vu triompher vingt années pour elle, trahi par ses alliés, trompé par le premier corps de la nation, vendu par ceux qu'il avait comblés de bienfaits, est traité d'infâme brigand ; et nous qui partageons ses lauriers, on nous reproche les larmes que nous donnons à sa retraite ! Les lâches qui l'ont vendu n'ont pas été témoins de ses derniers adieux ; ils n'ont pas vu ce guerrier qui, vingt années coucha sur des champs de bataille dont il fut toujours maître, nous dire : « Français ! soyez unis, soyez heureux. Le sang » français appartient à la patrie ; nous l'avons prodigué pour elle. Aujourd'hui c'est à moi seul » qu'on fait la guerre ; je serais coupable de tenter » plus long-temps les hasards des combats, je ne » veux pas qu'un Français périsse pour ma propre » cause ». Ils ont dit qu'il avait promis le pillage de Paris à son armée, il connaissait trop bien le cœur de ses soldats pour faire une pareille proposition : il n'en eut jamais la pensée. Ils ont dit qu'il avait donné l'ordre de faire sauter la capitale ; mais il n'a pas voulu qu'un Français pérît pour sa cause. Il a refusé nos bras qui pouvaient le défendre. Nous serions tous morts pour lui, l'honneur nous en faisait un devoir : *la patrie nous l'avait confié.*

» Cet homme qui naguère a fait trembler l'Europe, qui est l'objet de l'admiration du monde, et qui fut l'idole de son armée, dont il était le père, a préféré se séparer de cette France où chaque pas retrace son génie, plutôt que de la voir livrée aux horreurs de la guerre, et de faire naître une nouvelle Vendée.

» L'abdication de Napoléon et ses dernières paroles annoncent à l'armée qu'elle allait changer de chef. Chaque jour nous étions instruits des mouvemens de la ville de Paris. Nous recevions ces feuilles où était traité de brigand et de vil scélérat celui que, huit jours auparavant, elles avaient déifié et appelé le seul soutien du grand empire. On y accusait même de lâcheté le vainqueur de Marengo. L'exemple du passé nous avait appris à ne donner aucune croyance à de semblables écrits. La faction d'Orléans s'était servie de ces moyens pour assassiner le vertueux Louis XVI. Tous les partis qui avaient marqué dans la révolution jusqu'au consulat avaient tenu la même conduite.

» Nous attendions à Fontainebleau les ordres de la nation, représentée par le gouvernement provisoire. Nous vîmes avec peine que pour se maintenir il employait les moyens les plus bas et les plus perfides, et prêtait à notre ancien capitaine des crimes jusqu'à ce jour inconnus aux Français. Les progrès du nouveau parti furent rapides. Le peuple demeura tranquille, et nous, fidèles à notre chère devise, *honneur et patrie*, nous reçûmes avec la soumission que des soldats doivent à la volonté de la nation la nomination du frère de Louis XVI au trône de France, et l'acte qui rappelait l'ancienne noblesse. Cependant nous avions devant les yeux les horreurs de la Vendée; nous avions connaissance qu'un nommé Chabannes, se qualifiant d'aide de camp de Louis XVIII, nous avait traités de brigands et de révoltés.............

» Le soldat souffre et ne murmure jamais; pour nous les factions avaient disparu, le chef de l'État venait d'être nommé. Louis, en s'attachant à la cause de la nation nous enchaînait à la sienne; et, fiers de soutenir le trône, nous prêtâmes serment de fidélité au chef de la France. Le monarque français fit son entrée dans la capitale, plusieurs détachemens de notre garde lui servirent d'escorte. Les témoignages de satisfaction qu'on daigna partout prodiguer sur notre passage, nous assura que la France nous trouvait encore dignes d'elle. Notre tenue triste et sévère convenait à notre situation ; nous venions de quitter un chef qui nous avait toujours conduits à la victoire, et, pour la première fois, *la garde voyait ses ennemis sans les faire trembler.*

» Le contraste de notre position avec celle que nous avions tenue pendant vingt-cinq ans, nous rappela le vainqueur d'Italie ; mais ce souvenir cher à nos cœurs ne changea rien à notre conduite.

» Nous fûmes étonnés de voir le roi dater ses décrets de la 19ᵉ année de son règne. Nous pensions qu'un roi ne régnait que du jour où il faisait le bonheur du peuple qui lui était confié. Un soldat ignore ce qui se passe dans les cabinets. Dans les diverses cours de l'Europe où le sort nous a conduits nous n'avons jamais entendu parler de Louis.

» Lorsque la France présenta les tables où chacun pouvait émettre son vœu pour un chef, notre cœur fut d'accord avec le sien. Le trône était vacant ; Louis n'était pas même en France. Le Code civil, les trophées de l'Italie et de Marengo élevèrent Napoléon à l'empire : en lui l'armée vit son premier capitaine, et les autres corps de la nation leur premier législateur. Nourris dans les camps, nous ignorons les raisons qui ôtent et qui donnent les trônes : nous ne savons que les défendre.

» Nous avons toujours regardé le trône comme le point central où se réunit la volonté de la nation, et celui qui y est assis comme le premier sujet de la nation, à qui est confiée la volonté de tous.

» Louis, en s'asseyant sur le trône de France, avait promis de ne rien changer ; et il a cessé de confier la garde du trône à ceux qui depuis vingt ans ont prodigué leur sang pour soutenir l'honneur de la patrie. A notre place il a appelé des Suisses ; il a appelé cette noblesse, dont la plupart avaient abandonné la patrie, et dont plusieurs

avaient marché contre elle. On a oublié les services que nous avons rendus, on nous a peints
au roi comme des révoltés. Que Louis examine
simplement notre conduite envers le dernier chef
que la nation nous avait confié; qu'il se rappelle
ceux qui ont abandonné Louis XVI, et qu'il regarde ceux qui l'entourent : le roi reviendra de
son erreur, et rappellera près du trône ceux qui
ne devaient jamais en être séparés.

» La garde n'en appelle pas à ces hommes qui
depuis vingt-cinq ans ont abandonné leur ancien
roi, et qui sans pudeur étalent aujourd'hui les
noms de leurs pères qu'ils ont déshonorés.... Nous
en appelons aux Français et au roi.... Si les hauts
faits d'une longue suite d'aïeux ne parlent pas
pour nous, nous offrons nos blessures : nos lauriers, notre sang prodigué vingt-cinq ans pour
notre pays, répondent à la France que nous
sommes toujours fidèles à sa chère devise : *honneur et patrie* ».

L'erreur des Bourbons était d'autant plus grossière, qu'ils pensaient qu'on pouvait gouverner
les Français avec des mots, et les abuser par
des promesses qu'on ne remplissait pas. Oubliant ce que nous sommes aujourd'hui, comparativement avec ce que nous étions il y a trente
ans, et ce qu'ils étaient naguère, ils parlèrent
vainement à cette génération le langage du dix-
septième siècle. Il nous faut des lois équitables,
des institutions nationales, enfin le règne des principes libéraux, et non des discours marqués au
coin du mensonge, des processions, des couvens,
des pépinières de prêtres naissans. Tel est l'ascendant de l'opinion publique, a-t-on dit à cette
occasion, que les gouvernemens, pour être durables, seront forcés de respecter les droits des
peuples et des individus.

O aveuglement! des Français fanatiques ont porté le délire jusqu'à envisager les successeurs de Charles IX comme des demi-dieux, et à dire avec M. F., que *tous les fronts devaient s'abaisser et s'humilier devant Louis XVIII; qu'on ne devait envisager la splendeur de la dignité royale qu'avec ce recueillement et ce profond respect que commande une soumission sans réserve*. Vils esclaves, ils croyaient ne pas ramper assez près de l'idole, lorsqu'ils ne prononçaient le nom d'un Louis IX qu'avec cette profonde vénération qu'on accorde à peine à la Divinité. Ils osaient louer ce que vingt-cinq millions de leurs compatriotes blâmaient, par exemple, cette charte, qu'éclipsait encore la constitution paternelle de 1791, lors même que celle-ci était reléguée dans les archives de l'État Avaient-ils oublié que cette famille porte l'empreinte du sceau de la réprobation; que l'ombre de Louis XVI ne cesse de lui reprocher sa fuite et l'abandon où elle l'a laissé? Oubliaient-ils que l'Europe déplorait déjà la perfidie de leur gouvernement, perfidie d'autant plus dangereuse, que le gouvernail du vaisseau de l'État était dirigé par des courtisans, dont une profonde immoralité faisait le fond du caractère? Souples, adroits, aucune bassesse ne coûtait à ces indignes ministres pour parvenir à leur but. Et le roi s'entourait de tels hommes! Nous n'avons eu dans l'abbé Montesquiou qu'un arlequin en politique; faux par principe, caméléon par étude, il n'avait que des vues étroites, des idées conformes au goût de ceux qui étaient au-dessus de lui, en un mot l'esprit de son premier état.

Heureux le prince dont les ministres sont les amis et ceux du peuple! Plus heureux le peuple dont le chef a mérité l'amour, qui règle sa conduite d'après l'opinion, qui fait une étude de cette

opinion, qui se fait un devoir de se la concilier !
Dans un État civilisé, l'opinion est tout, elle règne
en souveraine. Il n'appartient qu'aux grands ca-
ractères de la diriger vers le bien, de la soutenir
dans sa faiblesse, de la défendre contre la tyrannie,
de la sauver du danger. Placez la France et l'Angleterre vis-à-vis de la Russie et de l'empire Ot-
toman : vous verrez d'un côté l'opinion élever les
citoyens, les ennoblir, leur donner un véritable
caractère de grandeur et de magnanimité; de l'autre
les peuples, abrutis dans l'esclavage, avoir perdu
jusqu'au sentiment de leur force, de leur dignité,
de leur existence morale.

Le retour de Napoléon nous assure désormais
le triomphe des lois et des idées libérales ; il nous
rend nos droits, il nous rend nos libertés, il nous
rend à nous-mêmes, et purge en même temps la
patrie des traîtres qui se réjouissaient déjà par an-
ticipation du plaisir barbare de la déchirer de leurs
mains. Je te salue, jour solennel où ce prince revit
cette ville embellie par ses soins, lui qui quinze ans
auparavant l'avait déjà sauvée des horreurs de
l'anarchie. Ce jour est l'aurore de notre nouvelle
félicité ; il a vu changer nos cyprès en oliviers, nos
craintes en enthousiasme, et replacer sur nos palais
et sur nos monumens le drapeau autour duquel
se sont ralliés tant de fois nos braves au champ
d'honneur. Nous n'avons plus à craindre les déchiremens du sol sacré, et nous pouvons dire avec
orgueil : Il nous reste une patrie !

En effet, comment ne pas se réjouir par le présent
du sort qui nous est préparé ? Qui pourrait se refuser à l'espoir d'un avenir serein, et ne pas croire
aux intentions paternelles de l'empereur ? Il avait
médité, dans la solitude, le bonheur de son pays,
et son premier mouvement, en y rentrant, rappelé
par la puissance de l'opinion, est d'arborer les cou-

leurs nationales. A sa voix, on redevient citoyen, la gloire et la liberté nous sont restituées, nos droits nous sont rendus, les idées libérales triomphent, le règne des lois est assuré, les divisions sont éteintes, l'honneur national se relève avec splendeur et retrouve son énergie, l'abominable commerce des Nègres est proscrit, l'abolition de la noblesse et de la féodalité est reconnue être un besoin national, les lois de l'assemblée constituante à ce sujet sont remises en vigueur; il faut espérer que les antiques préjugés et les doctrines politiques ruinées par le temps et la raison sont à jamais détruits; les noms des hommes qui auront illustré le nom français dans tous les siècles seront honorés; les lettres, les sciences et les arts seront encouragés; la cause sacrée de notre indépendance ne souffrira plus de l'influence odieuse de l'émigré; la législation sera discutée sans crainte; l'éducation sera formée sur un plan conforme au caractère national, et les principes de l'égalité des droits et des devoirs seront raffermis.

C'est à l'empire de l'opinion que nous devons tant de bienfaits. Elle a triomphé des attentats des princes qu'elle avait proscrits, elle a brisé le glaive suspendu sur nos têtes républicaines, elle a secoué le joug honteux qu'on voulait nous imposer. Vainement la cour et le ministère conjuraient-ils notre esclavage, nous les avons punis de leur délire homicide. L'avenir leur apprendra qu'un peuple généreux mais éclairé sait toujours retrouver sa vigueur quand on ose porter une main sacrilége sur ses droits, et qu'il sait de même pardonner à l'impie quand il est désarmé. C'est en veillant au salut de tous que chacun trouve une force suffisante dans son courage, pour empêcher l'ennemi audacieux d'empiéter sur ses droits et ses propriétés.

FIN.

www.ingramcontent.com/pod-product-compliance
Lightning Source LLC
LaVergne TN
LVHW052158050726
842523LV00017B/401